MACH SCHLUSS MIT DEM PLEITEGEIER

LASS UNS ÜBER (DEIN) GELD REDEN

Für meine Kinder,

weil Ihr Drei einfach unbezahlbar seid

Es ist gewinnbringender,

einen Tag im Monat über Geld nachzudenken,

als 30 Tage dafür hart zu arbeiten.

J. D. Rockefeller

Monika Liermann

MACH SCHLUSS MIT DEM PLEITEGEIER

LASS UNS ÜBER (DEIN) GELD REDEN

Eine Schritt für Schritt Anleitung,

damit dein Geld bei dir bleibt

Bibliografische Information der Deutschen Nationalbibliothek:

Die Deutsche Nationalbibliothek verzeichnet diese Publikation in der Deutschen Nationalbibliografie; detaillierte bibliografische Daten sind im Internet über http://dnb.dnb.de abrufbar.

Illustration und Layout: Monika Liermann

Herstellung und Verlag: BoD – Books on Demand, Norderstedt

ISBN: 9783755772446

INHALT

VORWORT

Ist dir schon mal aufgefallen, dass wir in der Schule vieles lernen, was wir im alltäglichen Leben gar nicht brauchen? Der Satz des Pythagoras zum Beispiel: Wann ist der dir jemals im Alltag begegnet? Oder Parabellberechnungen?

Ganz ehrlich, mir noch nie!

Über die Sinnhaftigkeit der Interpretation von Goethes Faust möchte ich erst gar nicht nachdenken. Natürlich haben auch diese Schulthemen ihre Daseinsberechtigung und für manche Berufsfelder sind diese Grundlagen essentiell. Was ich mir für den Schulunterricht allerdings wünschen würde, wären mehr praxisnahe und alltagstaugliche Themen.

Im Alltag begegnen mir etwa immer wieder Zins- und Prozent-Rechnungen. In den Geschäften locken mich die 20% Rabatt-Aktionen, und der Bankberater verspricht mir großartige 0,001% Zinsen für mein Sparbuchguthaben. Das heißt, für eine Sparsumme von 1000,- Euro bekommst du gerade einmal EINEN(!) Cent an Zinsen im Jahr. Yippie!! Und das bei durchschnittlich ca. 2% Inflation.

Das du so nicht reich werden kannst, merkst du gerade selbst, stimmt's? Übrigens, wie wird man reich? Auch darüber lernen wir nichts in der Schule.

Leider geht die Schule nur sehr wenig auf das Thema Finanzen und finanzielle Bildung ein. Und wenn doch, dann meistens nur aus mathematischer Sicht. Dabei begleitet uns das Thema Geld unser Leben lang, ganz egal, ob du reich oder arm bist.

Wenn du wenig Geld zur Verfügung hast, ist es sinnvoll zu lernen, wie du damit umgehst, damit du möglichst gut „über die Runden" kommst und nicht unter die Räder. Entsprechend ist es bei höherem Einkommen wichtig zu wissen, wie du dein Geld zusammenhältst und es im besten Fall noch weiter vermehrst.

Manche denken jetzt vielleicht, das wäre doch eigentlich die Aufgabe der Eltern, ihre Kinder umfassend auf das Leben vorzubereiten. Aber sei doch mal ehrlich, haben deine Eltern offen mit dir über Geld geredet? Wenn ja, warum liest du dann dieses Buch?

Für viele Eltern gilt noch immer der Satz: Über Geld redet man nicht! Deshalb geben sie nur zögernd ihr Wissen an ihre Kinder weiter. Zudem hat sich die Finanzwelt in den letzten Jahren sehr verändert und das Wissen der älteren Generation ist nicht mehr zeitgemäß. Vor 30 Jahren war eine Kapitallebensversicherung noch eine solide Geldanlage und das Sparbuch stand für einen sicheren Vermögensaufbau. Heutzutage sind beides reine Geldverbrennungsanlagen.

Wie sollen also deine Eltern dich auf deine Zukunft vorbereiten, wenn ihr Wissen heute bereits veraltet ist? Du siehst, es liegt in deiner Verantwortung, dir das Wissen für den Umgang mit deinen Finanzen selbst anzueignen.

Im Laufe deines Lebens wirst du die verschiedensten Herausforderungen meistern müssen: Vielleicht gründest du eine Familie, möchtest ein Haus bauen, oder aber du verlierst deinen Job. Deine finanzielle Situation wird sich immer wieder verändern. Manches ist planbar, anderes kommt unerwartet. Sei darauf vorbereitet und lege dir eine Notreserve zu.

Spätestens wenn du dir Gedanken um deine Rente machst, wirst du merken, wie wichtig es ist, eine Geldreserve angelegt zu haben und nicht nur auf die staatliche Rentenzahlung angewiesen zu sein.

Auch wenn du jetzt noch jung bist und dein Rentenalter dir abstrakt und ganz weit entfernt erscheint, rate ich dir, so früh wie möglich mit dem Sparen anzufangen. Die Zeit ist nämlich beim Sparen dein Freund und trägt den Namen „Zinseszins". Am Anfang ist er noch sehr klein, aber mit der Zeit wird er so sehr anwachsen, dass er dich Huckepack zu deinen finanziellen Zielen trägt.

Zudem steigert solch ein „finanzielles Vorratslager für schlechte Zeiten" dein Wohlbefinden und Sicherheitsgefühl. Du sparst also nicht nur für später, sondern du profitierst sofort durch die Gewissheit, unerwartete finanzielle Belastungen abfedern zu können. Es schläft sich nachts nun einmal besser mit der Tatsache, seine Rechnungen bezahlen zu können, ohne in den Schuldenstrudel zu geraten.

Ich möchte dich daher an die Hand nehmen und dir die Grundlagen für deine persönliche Finanzverwaltung vermitteln und so dein Bewusstsein im Umgang mit Geld erweitern. Du wirst hier Anregungen bekommen, wie du dein Geld sparen und vermehren kannst, ohne dass es allzu sehr weh tut. Erwarte hier allerdings keine konkreten Anlagetipps, dafür ist die Finanzwelt zu schnelllebig und vielseitig. Du erhältst hier Anregungen, wie du deine eigene Strategie entwickeln und dein persönliches Portfolio zusammenstellen kannst, ganz individuell nach deinen Bedürfnissen. Ich gebe dir mein Erlerntes weiter und erzähle aus meinen persönlichen Erfahrungsbereichen, natürlich ohne Gewähr.

Jahrelang lebte ich als sogenannter Aufstocker von Hartz 4 (ALGII) und kam einigermaßen „über die Runden". Das Geld, was am Monatsanfang auf mein Konto floss, reichte soeben für die Kosten und Ausgaben. Des Öfteren war mein Konto überzogen und wenn dann noch etwas im Haushalt kaputt ging oder die Kinder neue Schuhe benötigten, tat das richtig weh.

Es ist nicht leicht, mit so wenig Geld auszukommen und es erfordert viel Disziplin. Aber schon zu dieser Zeit habe ich Strategien entwickelt, womit ich es geschafft habe, zumindest hin und wieder ein paar Tage Urlaub zu finanzieren und ich konnte mir ein einfaches, kleines Auto leisten.

10

Was das mit einem Schweinestall und den Mist von Kleinvieh auf sich hat, und warum der Schlüssel dazu in deiner Einstellung liegt, wirst du später erfahren.

Bei mir hat sich vieles ab dem Moment geändert, als ich meine Sichtweise bezüglich des Geldes verändert habe und ich angefangen habe, strukturiert und mit Plan mein Einkommen zu verwalten. Von da an steigerten sich allmählich meine Rücklagen, mein Konto zeigte keine roten Zahlen mehr und ich hatte plötzlich sogar Geld übrig zum Investieren, ohne dass sich die Höhe meines Einkommens geändert hatte.

In diesem Buch wirst du das Grundgerüst für deine finanzielle Bildung erhalten, und lernen, wie du deine Finanzen verwaltest. Dafür wird es verschiedene Tabellen geben. Du kannst direkt hier deine Werte eintragen. Ich empfehle dir jedoch, die Tabellen, die du auch weiterhin nutzen möchtest, in einer Excel- Tabelle auf deinem PC zu übertragen und entsprechend deiner persönlichen Situation anzupassen. So ist es individueller und du kannst die Werte immer wieder anpassen und ändern. Ein einfaches Notizbuch tut es aber auch.

Wenn du durch meine Tipps reich wirfst, dann herzlichen Glückwunsch. Teile mir gerne deinen Erfolg mit, und vor allem, lass andere an deinen Erfahrungen teilhaben, so dass auch sie von deinem Wissen profitieren können.

Unter dem Begriff „reich" versteht jeder etwas anderes. Für die einen sind es die Millionen auf dem Konto, andere fühlen sich

11

schon reich, wenn sie sich ihre kleinen Träume erfüllen können. Daher dreht sich dieses Buch nicht darum, wie du schnell reich wirst, sondern wie du finanzielle Stabilität erreichst. Finanzielle Stabilität ist eine der Hauptsäulen für ein erfülltes und glückliches Leben. Und das ist es, was ich dir von Herzen wünsche.

Und nun heißt es, Gurt anlegen und Motor starten. Es geht los mit deiner Reise zu mehr finanzieller Stabilität und Erfüllung deiner Träume.

Lass uns über Geld reden!

Viele zucken bei dem Gedanken daran innerlich zusammen. Bereits als Kinder haben wir es ja so beigebracht bekommen:

Über Geld redet man nicht!

Daher vermeiden wir es im Alltag, mit Freunden und Bekannten, oder den Arbeitskollegen über das Thema Geld zu sprechen. Selbst in Familienkreisen wird oftmals nicht offen darüber gesprochen.

Probiere es aus: Spreche doch einmal die Menschen in deinem Umfeld auf ihr Einkommen an. Wie ist ihre Reaktion darauf? Vielleicht werden dich manche nur irritiert ansehen. Andere weichen dir mit lapidaren Sprüchen aus, wie etwa: *„Zuviel zum Sterben, zu wenig zum Leben!"* oder *„Der kleine Mann muss zufrieden sein mit dem, was er hat."*

Beobachte auch deine eigene Reaktion: Wie fühlst du dich, wenn du andere auf Geld ansprichst? Fällt es dir leicht? Oder spürst du ein Unwohlsein über Geld zu reden? Schreibe deine Gedanken dazu hier auf:

_____

_____

_____

_____

Wenn es dir schwerfällt, über deine Finanzen zu reden, oder du bisher die Gedanken darüber verdrängt hast, dann fehlt dir wahrscheinlich der positive Zugang zu Geld.

Deine Einstellung zu Geld
ist das Fundament
zu deinem
Vermögensaufbau

Meistens sind es anerzogene oder durch Medien und dein Umfeld geprägte Denkweisen und Überzeugungen, die Geld als etwas

14

Schlechtes erscheinen lassen. Diese Denkweisen halten dich unbewusst davon ab, Vermögenswerte aufzubauen.

Bestimmt hast du schon diese Sprichwörter gehört:

Geld macht nicht glücklich!

Geld stinkt!

Sei zufrieden mit dem, was du hast!

Die Reichen nehmen nur den Armen ihr Geld weg!

Geld verdirbt den Charakter!

Geld ist die Quelle allen Übels!

Wer reich werden will, muss über Leichen gehen!

Geld macht einsam!

Diese Aufzählung ist nur ein kleiner Überblick, bestimmt fallen dir noch mehr solcher Sprichwörter ein. Aber schau einmal genau hin, was diese Sprichwörter aussagen: Wer möchte schon unglücklich sein oder andere bestehlen? Niemand würde doch von sich aus behaupten, er hätte einen schlechten Charakter. Und wer möchte sich schon gerne mit etwas Stinkendem und Schmutzigen wie Geld befassen? Mit anderen Worten, lieber arm und gut sein, statt reich und böse. Mit dieser Einstellung wirst du aber kein Vermögen aufbauen können. Du wirst nichts bei dir halten können, wenn du es nicht magst.

Woher kommt diese negative Einstellung zu Geld?

Die meisten dieser Überzeugungen kommen aus einer gesellschaftlichen Abhängigkeit heraus. Um dir das verständlicher zu machen, nehme ich dich mit zu einem kleinen Ausflug in die Sozialwissenschaften: Soziale Normen und gesellschaftliche Hierarchien prägen schon seit Beginn der Zivilisationsgeschichte unsere Verhaltens- und Denkweisen. Sie regeln und vereinfachen auf diese Weise unser gesellschaftliches Miteinander. Für den Einzelnen bieten sie Schutz und Orientierung. Der einzelne Mensch begibt sich also unbewusst in eine gesellschaftliche Abhängigkeit und gibt somit einen Teil seiner eigenständigen und selbstbestimmten Lebensweise auf.

In Bezug zu Geld, haben sich viele der negativen Glaubenssätze in den damals bildungsfernen Gesellschaftsklassen entwickelt. Ihnen war es oftmals nicht möglich, in den Gesellschaftsschichten „aufzusteigen". Es diente als dem Schutz, sich mit seiner Lebenssituation abzufinden. So sind viele Überzeugungen und Verhaltensmuster bereits sehr alt und werden seit Generationen weitergegeben. Sie werden als „normal" angesehen und nicht mehr in Frage gestellt.

Schaue dir mal die Menschen, die solche negativen Glaubenssätze zu Geld haben, genauer an. Oftmals führen sie auch sonst kein ausgewogenes und gesundes Leben. Geldprobleme, Zeitmangel und Sorgen ziehen weite Kreise. Sie sind gefangen in ihrem selbstgebauten Hamsterrad. Dabei ist die Höhe des Einkommens nicht entscheidend. Auch Menschen mit gutem Einkommen

16

haben diese negativen Überzeugungen. Sie sind im Glauben, ihren gehobenen Lebensstil nur durch viel Arbeit und Leistung zu erreichen, welchen sie dann durch Lifestyle und Statussymbolen nach außen hin zeigen. Das Geld, was sie einnehmen, geben sie also direkt wieder aus.

Der Unterschied von armen Menschen zu reichen Menschen liegt also nicht in der Höhe ihres Einkommens, sondern in ihrer Einstellung zum Geld. Reiche Menschen denken unternehmerisch und wirtschaftlich. Sie geben nicht einfach so ihr Geld aus, sie investieren in ihr Unternehmen, damit es wächst und erfolgreich wird. Geld ist ein Werkzeug, eins von vielen Zahnrädern, dass die Maschinerie am Laufen hält und ihren Reichtum vermehrt.

Wie du selbst zu Geld stehst, kannst du ganz einfach herausfinden. Stelle dir dazu folgende Frage:

Familie, Gesundheit oder Geld? Was davon ist dir im Leben wichtig?

Auch wenn bei Familie und Gesundheit deine Emotionen eher reagieren, für ein ausgewogenes Leben ist alles drei gleichermaßen wichtig! Alles ist miteinander verknüpft und beeinflusst sich gegenseitig.

Jeder Mensch braucht Liebe und Geborgenheit, ein sicheres Umfeld und Anerkennung durch seine Familie. Dabei ist es egal, ob es deine direkten Verwandten sind, deine Freunde oder andere Menschen, die dir nahestehen. Einsamkeit macht auf Dauer krank. Dein soziales Umfeld beeinflusst dein Wohlbefinden, deine Denkweise und somit auch dein Vermögen.

Deine Gesundheit brauchst du, um die Kraft zu haben, den Menschen in deinem Umfeld Liebe und Geborgenheit geben zu können. Beziehungen beruhen auf ein Geben und Nehmen. Das, was du gibst, fließt auch zu dir zurück. Zudem ist es wichtig, gesundheitlich fit zu sein, um arbeiten zu gehen und so Geld verdienen zu können.

Geld ist der Schlüssel, mit dem du Zeit für deine Liebsten kaufen kannst. Wenn du genug Geld hast, bist du nicht mehr abhängig von einem ungeliebten Vollzeitjob. Du kannst das Geld für dich arbeiten lassen. Dir steht mehr freie Zeit zur Verfügung, die du nach deinen Wünschen gestalten kannst. Gesundheit ist zwar nicht direkt käuflich, aber Geld ermöglicht dir den Zugang zu einer besseren medizinischen Versorgung. Du kannst dir hochwertigere und gesündere Lebensmittel leisten, oder den Fitnesscoach bezahlen.

Geld macht nicht glücklich – das stimmt! Aber das ist auch nicht die Aufgabe von Geld.

Wenn dir jetzt immer noch negative Emotionen beim Gedanken Geld kommen, dann mache dir bewusst, dass Geld eine Form von Energie ist. Es ist weder gut noch böse. Geld verstärkt lediglich den Charakter eines Menschen. Überlege dir einmal, was du Gutes für andere tun könntest, wenn du genug Geld hättest. Welche Projekte würdest du unterstützen? Welchen Menschen möchtest du helfen? Es liegt ganz bei dir allein, was DU aus deinem Geld machst, und nicht, was das Geld aus dir macht.

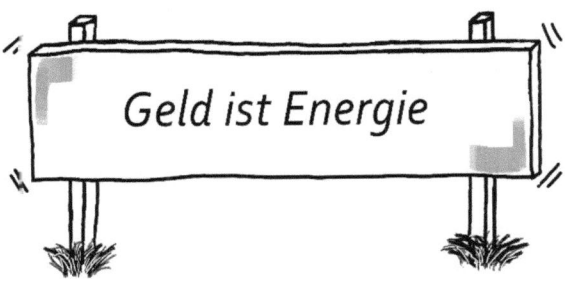

Geld ist Energie

Fange an, unternehmerisch zu denken. Wenn du denkst, du hast kein Unternehmen, dann irrst du dich. Dein Leben ist dein Unternehmen und du hast die Führung darüber. Du selbst hast es in der Hand, wie erfolgreich, glücklich und zufrieden dein Leben verläuft. Gebe dein Geld ab sofort nicht mehr einfach so aus, sondern investiere es in dein Leben!

Sei dankbar für das, was du hast, aber mache auch das Beste daraus.

Warum ist ein Vermögensaufbau wichtig?

In der Schule wird uns gelehrt, dass es nur gute Noten gibt, wenn eine vorgegebene und erwartete Leistung erbracht wird. Eigenständiges Denken, persönliche Stärken und Interessen werden nicht oder nur wenig gefördert. Wir werden von klein auf in ein Angestelltenverhältnis hinein erzogen und geformt. Finanzielle Bildung und Vermögensaufbau wird nicht unterrichtet. Es heißt nur, mit einem guten Schulabschluss bekommst du einen sicheren Arbeitsplatz und verdienst so dein Geld, um dir damit schöne Dinge leisten zu können. Dir wird das Verkonsumieren beigebracht. Geld ist deine Belohnung für deine Arbeitsleistung und nur durch harte Arbeit kannst du mehr Geld verdienen. Der Leistungsgedanke prägt uns seit der Schulzeit. Dass Geld auch für dich arbeiten und dir das Leben erleichtern kann, wird meistens verschwiegen.

Vor einigen Jahrzehnten waren die Menschen mit diesem System auch ganz gut aufgestellt: Schule, Ausbildung, und dann blieb man meistens bis zur Rente in seinem sicheren Angestelltenverhältnis. Mit viel Fleiß und harter Arbeit konnte sich so ziemlich jeder ein gewisses Maß an Wohlstand verdienen und später eine sichere Rente erwarten. Alles verlief in gesicherten Bahnen und Strukturen.

Das Problem mit diesem Sicherheitsdenken ist allerdings, es ist nicht mehr sicher. Wir befinden uns zurzeit in einer gesellschaftlichen und wirtschaftlichen Umbruchsphase. Alles ist im Wandel und die Zukunft ist nicht mehr vorhersehbar. Der vermeintlich heute noch so sichere Arbeitsplatz kann morgen bereits wegfallen. In 10 oder 20 Jahren wird es Berufe geben mit ganz neuen Anforderungen, da nutzen dir deine guten Schulnoten aus unserem veralteten System nichts mehr. Digitalisierung, Künstliche Intelligenz und Blockchain Technik werden stetig zunehmen und neue Möglichkeiten eröffnen. Dazu kommen noch die Auswirkungen der Klimakrise, die das globale Leben von Natur und Mensch massiv verändern wird. Wer da nicht flexibel ist und an alten Denkmustern festhält, bleibt auf der Strecke.

Natürlich könntest du jetzt sagen, wir leben doch in einem Sozialstaat, der Staat fängt mich bei Jobverlust auf. Das stimmt auch. Nur machst du dich dann von dieser staatlichen Hilfe abhängig. Um Unterstützung zu bekommen, musst du dich dem Staat offenbaren und nach seinen Regeln handeln. Für eine Übergangzeit kann man sich darauf einlassen. Auf Dauer ist das aber sehr anstrengend und kräftezerrend. Du wirst in deiner Freiheit und Selbstbestimmung massiv eingeschränkt.

Zudem sind auch staatliche Leistungen nicht garantiert. Immer wieder kommt es zu Staatskrisen und Pleiten. Deutschland war bisher 8-mal insolvent. Zuletzt war das nach dem 2. Weltkrieg, dass Deutschland zahlungsunfähig war und seine Staatskredite nicht mehr begleichen konnte. Hohe Inflation, Enteignung von Geldwerten, oder auch eine Währungsreform können die Folgen sein. Ein Staat wird bei Zahlungsschwierigkeit soziale Leistungen kürzen oder ganz einstellen. Steuern und Abgaben werden dagegen erhöht. Die wirtschaftlichen Folgen der Corona Krise 2020 sind zurzeit noch nicht absehbar, werden aber Auswirkungen auf die nächsten Jahre oder auch Jahrzehnte haben.

Übernehme Verantwortung
für dich selbst

Ich möchte dir mit diesen düsteren Zukunftsaussichten keine Angst machen, sondern lediglich verdeutlichen, wie wichtig es ist, dass du dich unabhängig von staatlichen Unterstützungen machst. Lege dir eine finanzielle Notreserve an und verlasse dich nicht auf andere. Trage für dich selbst die Verantwortung.

Deine Eigenverantwortung gilt natürlich generell für deine Finanzen. Viel zu oft schenken wir dem Bankberater oder dem Versicherungsmakler unser Vertrauen und schließen unnötige oder überteuerte Verträge ab. Meist lassen wir uns dabei von dem Gefühl leiten, der Bankberater wird schon wissen, was er tut, er hat das ja gelernt. Mache dir bewusst, dass ein Bankberater eigentlich nur ein Verkäufer ist, der die Finanzprodukte seines Arbeitgebers an den Mann oder die Frau bringen möchte. Er verdient für jeden Vertragsabschluss Provisionen. Diese Kosten sind in der Regel nicht in den geschönten Musterrechnungen der Angebote aufgeführt und verstecken sich gerne im Kleingedruckten.

Versetze dich einmal in die Lage eines Bankangestellten. Wie würdest du vorgehen, wenn du jemanden beraten sollst? Würdest du ihm das Produkt empfehlen, dass für deinen Kunden ideal und ausreichend ist, du aber nur eine kleine Provision erhältst? Oder würdest du nicht versuchen ihm das teurere Produkt schmackhaft zu machen, bei der dir eine höhere Provision zustehen würde?

Lass dich nicht bei einem Beratungsgespräch durch Fachbegriffe verunsichern und zum Unterschreiben drängen. Frage dich stattdessen, ob dein Berater vermögend ist. Denn wie soll er dich gut darin beraten, dass dein Vermögen anwächst, wenn er das für sich selbst nicht hinbekommt!?

Informiere dich besser selbst und werde dein eigener Finanzberater. Mit diesem Buch bist du auf dem besten Weg dahin.

Solltest du trotzdem einmal einen Berater benötigen, dann versuche einen unabhängigen Berater zu bekommen, der nicht über Provisionen, sondern per Honorar bezahlt wird. Leider sind Honorarberater in Deutschland noch nicht so häufig vertreten. Denke bei der Wahl deines Beraters immer daran, ob er in DEINEM Interesse handelt, oder im Interesse seines Arbeitgebers.

Bevor du zu einem Provisionsberater gehst, überlege dir, was genau du möchtest und brauchst. Hole dir verschiedene Angebote ein, bevor du dich entscheidest, und vergleiche sie auf Kosten und Nutzen. Lass dich nicht von Lockangeboten einwickeln.

Im Internet findest du viele gute Plattformen, bei denen du unabhängige Informationen über Finanzthemen beziehen kannst. Gute Tipps und Beratungen bieten auch die Verbraucherzentralen in deiner Stadt.

Du siehst, es ist wichtig, sich mit der Finanzwelt auseinander zu setzen. Lass uns nun mit deinem Vermögensaufbau und somit

24

deiner Unabhängigkeit beginnen und die Grundlagen erlernen. Vieles wird dir bestimmt bekannt vorkommen. Setzt du es denn auch um?

Lege dir Stift und Taschenrechner bereit. Jetzt geht es an die Umsetzung.

Bestandsaufnahme

Bevor du schaust, wie du am besten dein Einkommen einteilst, verteilst, oder auch abteilst, brauchst du erstmal eine Bestandsaufnahme. Wenn du nicht weißt, wo du stehst, kannst du auch nicht zielgerichtet starten. Das ist wie beim Navi im Auto, ohne Startpunkt und Ziel kann es dir nicht den Weg weisen.

Wer seine Finanzen im Griff hat, hat auch sein Leben im Griff

Die Metapher mit dem Navi werde ich noch öfters zur Verdeutlichung einbringen, ich finde sie äußerst passend. Übrigens kannst du die Strategien, die ich dir hier aufzeige, auch für deine anderen Lebensbereiche verwenden. Das Grundgerüst ist immer dasselbe: aktuelle Situation erfassen, sortieren und abwägen, Ziele setzen, durchstarten.

Du siehst also, wer seine Finanzen im Griff hat, hat auch sein Leben im Griff. Lass uns nun dein *Finanz- Navi* einschalten und deinen persönlichen Startpunkt finden.

Wie hoch ist dein momentanes Vermögen?

Wenn du es nicht direkt sagen kannst, macht das nichts. Die meisten Menschen, die sich nicht regelmäßig mit ihren Finanzen beschäftigen, wissen das nicht. Aber das möchten wir ja jetzt ändern.

Was schätzt du also, wie viel Wert dein Vermögen hat? Trage die Summe hier ein:

27

War es schwierig für dich einen Betrag zu bestimmen?

Der Begriff Vermögen ist recht schwammig, wenn er nicht genauer bestimmt ist. In der Regel unterscheidet man im privaten Bereich zwischen Sachvermögen und Geldvermögen. Da es hier in diesem Buch um das liebe Geld geht, beschäftigen wir uns mit deinem Geldvermögen. Dazu zählt alles, was einen nennbaren Geldwert hat, wie Bargeld und Sparkonten, aber auch Wertpapiere oder private Vorsorgeversicherungen.

Lass uns hier und jetzt einmal Kassensturz machen und uns dein Vermögen genauer ansehen.

- Was hast du momentan an **Bargeld**? Zähle alles zusammen, was in deiner Geldbörse und Sparsocke stecken.
- Wie sieht dein **Kontostand** aus?
- Hast du **Sparkonten**? Dazu zählen Sparbuch, Tagesgeldkonto…. also alles, was sofort verfügbar ist.
- Langfristige Vermögenswerte sind etwa **Festgeld** oder der **Bausparvertrag**
- **Wertpapiere** wie Aktien oder ETFs
- **Private Rentenversicherungen** oder **Kapitallebensversicherungen** (hier zählt der aktuelle Rückkaufswert)
- **sonstiges**

28

Es ist sinnvoll dir eine Tabelle anzulegen wie die folgende:

	Betrag
Bargeld	
Kontostand	
Sparkonten	
Festgeld	
Wertpapiere	
Kapitalbildende Versicherungen	
Rücklagen (z.B. für Immobilien)	
sonstiges	
Gesamtbetrag	

Weiter geht es mit deinen **Schulden**. Auch die zählen zu deinem Vermögen, wenn auch in negativer Weise.

Egal ob dein Konto überzogen ist (**Dispo**), **private Schulden** bei Familie oder Freunde, oder du beim Onlinehändler etwas auf **Zahlpause** oder **Ratenzahlungen** gekauft hast, trage es hier in die Tabelle:

	Betrag
Dispo	
Kredite bei Banken	
Ratenzahlungen bei Händlern	
Offene Kreditkartenbeträge	
Private Schulden	
sonstiges	
Gesamtbetrag	

Jetzt brauchst du nur noch den Gesamtbetrag deiner Schulden von dem Gesamtbetrag deines Guthabens abziehen und du hast dein aktuelles Vermögen ermittelt.

Ist dein Vermögenswert so wie du es geschätzt hattest?

Idealerweise ist dein Vermögen bei einem positiven Wert. Aber auch wenn er negativ ist, macht das nichts. Nur der Weg zum Millionär dauert dann halt länger.

Jedenfalls ist jetzt dein *Finanz- Navi* eingeschaltet und du hast deinen Startpunkt ermittelt. Bevor du aber losfahren kannst, musst du erst noch ein paar Einstellungen an deinem Navi vornehmen.

Der Klassiker in der Finanzverwaltung ist das gute, alte Haushaltsbuch. Schon deine Großeltern haben ihre Ein- und Ausgaben festgehalten, um den Überblick zu behalten. Auch du wirst nicht daran vorbeikommen, wenn du mit deinem Geld klarkommen möchtest.

Das Haushaltsbuch hilft dir, dein Bewusstsein zu vertiefen, wohin dein Geld jeden Monat fließt. Du behältst den Überblick über deine laufenden Kosten und kannst sofort sehen, welche Rechnungen noch abgebucht werden müssen, oder bereits

32

beglichen sind. Ganz nebenbei baust du mit der Zeit eine Beziehung zu deinem Geld auf.

Jede Beziehung braucht Zeit und Aufmerksamkeit, damit sie gut läuft. Gewöhne dir an, regelmäßig dein Haushaltsbuch zu führen, auch wenn es dir am Anfang vielleicht schwerfällt und Überwindung kostet. In einigen Wochen wird es für dich zur Routine geworden sein und das Haushaltsbuch ist eine Selbstverständlichkeit in deinem Alltag. Nimm dir am besten einen festen Tag in der Woche vor und trage dir den Termin in deinem Kalender ein.

Bei mir ist es der Sonntag, da habe ich Ruhe und Zeit, mich etwa 30 Minuten mit meinem Geld zu befassen. Ich überprüfe dann meine Kontostände und Abbuchungen, überweise noch fällige Rechnungen und schaue, ob ich in meinem wöchentlichen Plan für Ausgaben liege (dazu später mehr). Da ich meine Haushaltseinkäufe immer per EC- Karte zahle, entfällt bei mir das Kassenzettelsammeln, um meine Aufwendungen zu dokumentieren. Solltest du viel mit Bargeld bezahlen, hilft es dir, die Bons aufzuheben und die einzelnen Posten ebenfalls in dein Haushaltsbuch einzutragen.

Am letzten Sonntag im Monat erfolgt dann bei mir eine Endabrechnung, bei der ich sehen kann, ob ich den Monat über gut gewirtschaftet habe und Guthaben übrigbleibt. Falls der Monat noch einige Tage hat, fließen die Ausgaben für diese Zeit in die Ausgabenaufstellung des nächsten Monats. Du kannst dir natürlich auch den letzten Tag im Monat zur Endabrechnung nehmen, dann ist es natürlich genauer.

Im Internet findest du viele kostenlose Excel- Vorlagen zum Herunterladen für dein Haushaltsbuch. Es gibt auch gute Apps für dein Smartphone, wo du jede noch so kleine Ausgabe sofort eingeben kannst und diese dann automatisch in verschiedenen Kategorien verbucht werden. Das ist vor allem dann hilfreich, um die Ausgaben für den Kaffee to go oder das Brötchen beim Bäcker übersichtlich zu halten. Probiere einfach aus, womit du besser zurechtkommst.

Folgende Punkte sollten auf jeden Fall enthalten sein: *Einnahmen,* wie Gehalt, Nebeneinkünfte (Trinkgelder, Nebenjob...), Kindergeld, Mieteinnahmen, sonstige Zuschüsse...

Bei den *Ausgaben* wird zwischen *fixen* und *variablen Kosten* unterschieden. Fixe Kosten wären Miete, Strom, Versicherungen, Sparbeträge, Kreditzahlungen, Verträge... also alles, was regelmäßig und in gleichbleibender Höhe gezahlt wird. Unter variablen Kosten fallen dann Lebensmittel, Kleidung, Tankkosten, Restaurantbesuche...Es ist sinnvoll gerade bei den variablen Kosten sehr differenziert und genau deine Posten zu benennen, denn hier liegt das einfachste Einsparpotential. Viele

34

Konsumausgaben lassen sich vermeiden oder zumindest einschränken.

Im Kapitel „Spartipps" werde ich dir zeigen, wie du dich vor unnötigen Spontankäufen schützen kannst.

Mit der vorherigen Vermögensübersicht haben wir dein Finanz-Navi gestartet. In Verbindung mit dem Haushaltsbuch, und vor allem dem Betrag, der am Ende des Monats nach deiner Endabrechnung herauskommt, bestimmst du, mit welchem Gefährt du zu deinem Vermögensaufbau unterwegs sein wirst: Auto, Fahrrad oder zu Fuß. Ich zeige dir auf der nächsten Seite wie eine Haushaltstabelle aussehen kann. Trage doch deine Werte direkt ein. Die Positionen, die du vielleicht nicht hast (z.B. Sparverträge) lässt du einfach frei. Am Ende des Buches wirst du diese Haushaltstabelle für weitere 3 Monate vorfinden, so dass du direkt in die Umsetzung kommen kannst.

	Kontobuchungen	Bargeld
Gehalt/ Einkünfte		
Nebeneinkünfte		
Kindergeld		
Staatl. Zuschüsse		
Sonstiges		
Einkommen gesamt		
Fixkosten		
Wohnkosten		
Strom/ Heizung		
Telefon & Internet		
Versicherungen Haftpflicht		
Hausrat		
Berufsunfähigkeit/ Unfall		
Kfz Versicherung		
Sonstiges		
Verträge/ Gebühren GEZ		
Monatskarte Bus/ Bahn		
Sportverein		
Streamingdienste		
Sonstiges		

Variable Kosten	Kontobuchung	Bargeld
Mobilität Tanken Instandhaltur g PKW Taxi/ ÖPNV		
Lebenshaltung Nahrung Drogerie Kleidung Haustierbedarf Sonstiges		
Fast Food/ Lebensmittel to go Restaurant, Süßigkeiten		
Entertainment (Kino, Theater Konzerte, …)		
Sonstiges		
Ausgaben gesamt		
Einnahmen minus Ausgaben		

37

Das Haushaltsbuch hat dir gezeigt, woher dein Geld kommt, deine Einnahmen, und wohin es geht, deine Ausgaben. Idealerweise halten Einnahmen und Ausgaben die Waage, oder du hast sogar am Ende des Monats Guthaben. Wenn nicht, dann setze hier an dieser Stelle ein Lesezeichen und lese erst die Kapitel *Spartipps* und *Schulden* weiter.

*Es ist nicht wichtig,
wieviel Geld du verdienst,
sondern wieviel du davon
behältst.*

Dein *Finanz- Navi* ist gestartet und, je nachdem wieviel Guthaben du im Monat zur freien Verfügung hast, bestimmst du, mit welchem Fortbewegungsmittel du unterwegs bist (Auto, Fahrrad oder zu Fuß). Nun geben wir genauere Optionen für den Weg deiner Route ein. Benutzt du die Autobahn oder nur die Landstraße? Machst du auf deinem Weg den einen oder anderen Umweg für Sehenswürdigkeiten oder Zwischenstopps?

In deinem Haushaltsbuch hast du deine Ausgaben übersichtlich aufgelistet und du kannst dort ablesen, wofür du wieviel Geld ausgibst. Wir werden nun deine Ausgaben genauer betrachten und in 3 Kategorien einteilen:

Manche Kostenpunkte sind einfach **notwendig**, um deine Existenz zu sichern. Hierzu zählen Mietkosten, Strom und Heizkosten, sowie Grundnahrungsmittel und eine Grundausstattung an Kleidung. Ein warmes zu Hause, Essen, Trinken und Kleidung sind deine Überlebensgrundlage und dürfen nicht angerührt werden.

Andere Kosten sind für dein soziales Leben **wichtig**. Darunter fallen Kosten für deine Mobilität, Internet und Telefon, Versicherungen, oder auch Haustierbedarf (falls du ein Haustier besitzt). Auch diese Posten solltest du nur bedingt oder zeitlich begrenzt einschränken (müssen), denn sie decken deine Grundbedürfnisse und sichern dir den Zugang zum sozialen Leben.

Alles andere kommt in die Kategorie **unwichtig aber geil**. Hier setzen wir für deinen Vermögensaufbau an, denn hier liegt das größte Einsparpotential. Keine Angst, es wird nicht alles gestrichen.

Gesamteinkommen		100%
Notwendige Ausgaben		
Wichtige Ausgaben		
Unwichtig aber geil		

Trage deine durchschnittlichen Beträge aus deinem Haushaltsbuch in die Tabelle ein und rechne die Prozentanteile aus:

(Ausgaben *100/ Gesamteinkommen= %)

Man sagt, dass für Mietkosten im Durchschnitt bis zu 30% deines Einkommens der Regelfall sind. Mit Lebensmittel und weiteren *notwendige Ausgaben* solltest du im Monat auf etwa 50% bis 60% kommen. Für die *wichtigen Ausgaben* fallen etwa 15% bis 20% an, so dass für *unwichtig aber geil* etwa 20% bis 30% übrigbleiben.

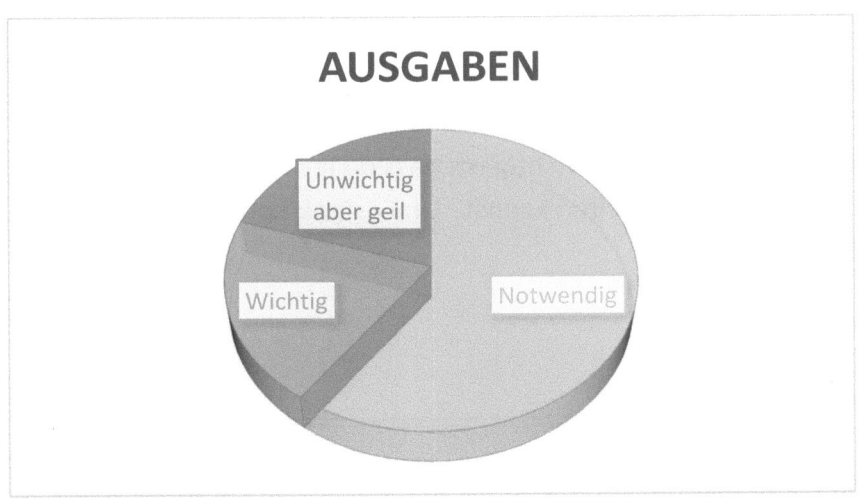

AUSGABEN

Unwichtig aber geil

Wichtig

Notwendig

Wie sieht deine Ausgabenverteilung aus?

Natürlich sind die genannten Werte nur Beispielwerte. Es kommt ganz auf deine individuelle Situation an, wie deine Ausgaben verteilt sind und vor allem, wie hoch dein Einkommen ist. Ziel ist es jedoch, deine notwendigen und wichtigen Ausgaben zu optimieren und den unwichtigen Anteil zu verkleinern (siehe Kapitel Spartipps), damit mehr Geld flexibel zur Verfügung steht.

41

Diesen Teil deines Einkommens werden wir jetzt neu einteilen. Falls du es bisher noch nicht getan hast, dann richte dir jetzt bei deiner Hausbank ein kostenloses Unterkonto oder Tagesgeldkonto ein. Wichtig ist, dass du jederzeit an das Geld auf diesem Konto zugreifen kannst. Ein Festgeldkonto wäre demnach ungeeignet.

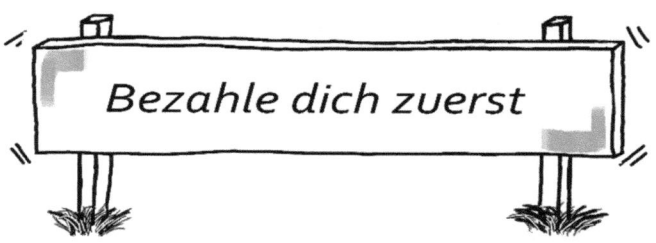

Dieses Konto wird dein *Sparschwein für Notfälle*. Ab sofort fließen direkt zu Monatsbeginn, oder eben zu dem Zeitpunkt, wenn dein Einkommen auf deinem Girokonto überwiesen wird, mindestens 50% des *unwichtig ab geil* Budgets auf dieses Konto. Du kannst natürlich auch mehr einzahlen, je nachdem wie ehrgeizig du bist.

Deine Notfallreserve ist für unerwartete Ausgaben gedacht, oder zur Überbrückung von Zeiten, in denen du weniger Einkommen haben könntest. Falls also deine Waschmaschine oder dein Auto kaputt gehen, die jährliche Mietnebenkostenabrechnung ansteht, oder sonstige Notlagen eintreten, darfst du dieses *Notfall-Sparschwein* plündern.

Füttere dein Sparschwein solange, bis du mindestens 3 Monatsbeträge der *notwendigen* und *wichtigen Ausgaben* zusammen hast. Besser wären sogar 6 bis 12 Monatsbeträge. Solltest du zwischenzeitlich dein *Notfall- Sparschwein* plündern müssen, wird dieser Betrag natürlich in den nächsten Monaten wieder aufgefüllt.

Die anderen 50% deines *unwichtig aber geil-* Anteils fließen in dein **Spaß Schwein**. Es steht dir nun für deine Vergnügungen frei zur Verfügung. Wenn du magst, richtest du dir dafür ein weiteres Konto ein, worauf du jeden Monat dein Spaß Budget überweist. Du kannst aber auch den Anteil als Bargeld in eine separate Geldbörse parken. Wichtig ist nur, dass du dein *Spaß Schwein* von den *notwendigen* und *wichtigen Ausgaben* trennst. Ab sofort wird der Kaffee to go, Kino und andere Spaßausgaben aus diesem Budget bezahlt.

Schaffst du es, bis zum Monatsende noch etwas von deinem Spaß-Budget übrig zu behalten? Oder ist dein *Sparschwein für Notfälle* irgendwann gut gefüttert? Dann gehen wir nun zum interessanten Teil über und sehen, wie du aus deinem überschüssigen Geld noch mehr Geld machen kannst.

In den Medien und der Politik tauchen immer wieder Diskussionen zur Vermögensumverteilung auf. Reiche Menschen sollen einen Teil ihres Vermögens abgeben, damit Ärmere unterstützt werden. Es stimmt, die Armutsschere klafft stetig weiter auseinander. Die Reichen werden immer reicher und die Armen immer ärmer. Natürlich ist das ein Problem und könnte auch durch politische Maßnahmen, wie Steuerregulierungen und Lohnanpassungen, gemildert werden. Jedoch sehe ich auch ein wesentliches Problem in der mangelnden finanziellen Bildung der Bevölkerung und vor allem in der persönlichen Einstellung eines jeden zu sich selbst.

Viele Menschen suchen die Schuld für ihre Lage bei anderen oder in ihren Umständen. Ich möchte das nicht als Vorwurf verstehen. Unser gesellschaftliches System ist nun einmal darauf aufgebaut, diese Denkmuster weiterzugeben, so wie ich es zu Beginn dieses Buches bereits erwähnt habe. Es ist leichter zu glauben, dass man als Einzelner nichts ändern kann und nur „die da oben" das regulieren könnten. Dabei gibt man die Kontrolle über den eigenen Einflussbereich ab und lässt zu, dass man zum Spielball anderer wird.

Wenn du hingegen akzeptierst, dass die äußeren Umstände so sind, wie sie sind, dann behältst du auch die Kontrolle darüber, deine unmittelbaren Umstände zu ändern. Konzentriere dich also auf die Bereiche, die du selbst beeinflussen und verändern kannst.

Ich möchte dir das Dilemma der Vermögensumverteilung einmal bildlich verdeutlichen: Stell dir vor, du sitzt in einem großen Sandkasten. Ein Stückchen weiter hat nun jemand anderes eine schöne, große Sandburg gebaut, mit Türmchen, Zinnen und Burggraben. Es bringt dir aber nichts, wenn du nur neidisch auf die großartige Sandburg neben dir schaust.

Natürlich könnte jetzt jemand hingehen und einen Teil der großartigen Sandburg dir geben. Allerdings hast du dann nur einen Haufen Sand vor dir. Wenn du nicht weißt, wie du damit umgehen sollst, wird der Sandberg ganz schnell zerfallen und verschwinden. Du musst also erst die Mechanismen erlernen, um deinem Sandhaufen Struktur und Standhaftigkeit zu geben.

Allerdings ist es nun so, dass, wenn du dieses Wissen hast, du nicht darauf warten brauchst, von einem anderen einen Sandhaufen zu erhalten. Du sitzt ja bereits im Sandkasten. Also fang an mit dem Sand unter deinem Hintern deine eigene, kleine Sandburg zu bauen. Lasse sie langsam größer werden und gestalte sie nach und nach mit deinen Türmchen, Zinnen und Burggraben. Auch die größte und schönste Sandburg war irgendwann nur eine kleine Handvoll Sand.

45

Den Anfang zu deiner Sandburg hast du bereits gemacht. Mit dem Haushaltsbuch und der Einteilung deines Einkommens in *notwendig, wichtig und unwichtig aber geil*, hast du gelernt mit deinen Händen den Sand zu halten, ohne dass er dir direkt wieder durch die Finger rieselt. Nun lernen wir den Umgang mit dem Schüppchen. Natürlich brauchst du für den Bau einer großartigen Sandburg wesentlich mehr Zubehör und Förmchen, aber mit dem Schüppchen kommst du schon ein gutes Stück weiter.

Als erstes brauchst du eine Vision deiner Sandburg. Wie soll deine Sandburg des Lebens aussehen? Welche Wünsche und Träume hast du? Das können materielle Dinge sein, wie ein Haus, ein Auto, Reisen..., oder auch emotionale Dinge, wie das Gefühl von Freiheit und Unabhängigkeit, oder auch Sicherheit.

Überlege dir, wie dein Leben, dein Alltag aussehen würde, wenn du dir über Geld keine Gedanken mehr machen müsstest? Wie sieht dein perfektes Leben aus? Du darfst gerne herum spinnen und Luftschlösser bauen. Schreib es hier auf:

Du brauchst nun einen Plan, wo es überhaupt hingehen soll. Dein *Finanz- Navi* ist ja bereits gestartet und wartet nur noch darauf, dass du dein Ziel eingibst. Siehe dir deine Liste mit Träumen und Wünsche an. Welche dieser Wünsche möchtest du auf jeden Fall erreichen? Was würde dich glücklich machen? Wofür kannst du dich voll und ganz begeistern?

Je konkreter du deine Träume beschreibst, umso leichter kannst du einen Plan zur Realisierung aufstellen. Recherchiere was es dich kosten würde und welche Schritte du dafür gehen müsstest. Am Ende des Buches sind einige Seiten für deine Notizen frei.

Orientiere dich an diese Fragen:

Was genau ist dein Ziel?

Wieviel Geld brauchst du dafür?

Bis **Wann** möchtest du dein Ziel erreicht haben?

Wie hoch müsste dein monatlicher Sparbetrag dafür sein?

Unterteile deine Ziele nun in 3 Kategorien, kurzfristig, mittelfristig und langfristig.

Welche deiner Ziele kannst du innerhalb von 1 bis 2 Jahren erfüllen:

_____

_____

_____

_____

_____

Welche Ziele benötigen 3 bis 10 Jahre:

_____

_____

_____

_____

_____

Welche Ziele brauchen mehr als 10 Jahre oder verändern dauerhaft dein Leben:

_____

_____

_____

_____

_____

Entsprechend der Dauer zur Erreichung deiner Ziele legst du dir deinen Sparplan zurecht. Ich werde dir einige Geldanlagen aufzeigen, mit ihren Pros und Contras.

Kenne dein WARUM, dann folgt die Motivation von allein

Denk bitte daran, dass ist keine Empfehlung, sondern nur meine persönliche Einschätzung. Sollte dich eine dieser Anlageformen interessieren, dann hole dir auf jeden Fall noch weitere Informationen dazu ein.

49

Am Kapitalmarkt spricht man von *risikoreichen* und *risikoarmen* Anlagen. Gemeint ist damit die Volatilität, also das Ausmaß der Schwankungen von Werten innerhalb einer kurzen Zeitspanne. Am Aktienmarkt steigen und fallen die Kurse ständig, sie sind sehr volatil und deshalb gelten Aktien als risikoreiche Anlagen. Du hast aber gerade genau deshalb auch die größeren Chancen höhere Renditen zu bekommen. Wie hoch dein Gewinn, oder auch Verlust genau ist, weißt du erst beim Verkauf deiner Aktien; der Geldwert wird dann realisiert.

Dagegen ist bei einer Festgeldanlage ganz genau festgelegt, wie hoch dein Zinsgewinn sein wird. Es ist somit eine risikoarme oder eben auch sichere Geldanlage. Nur sind die Zinsen bei diesen Anlagen leider sehr gering.

Eine absolute Sicherheit für dein Geld gibt es allerdings nicht. Selbst wenn du dein Geld nur auf einem risikoarmen Tagesgeldkonto parkst, kann es bei einer Bankeninsolvenz zumindest teilweise verloren gehen. Die gesetzliche Einlagensicherung garantiert dir nur bis 100.000 Euro Sicherheit für dein Erspartes. Bei Beträgen, die darüber hinaus gehen, müsstest du diese selbst absichern, etwa mit einem freiwilligen Einlagensicherungsfond. Des Weiteren ist ein ständiger Wertverlust auch schon durch die Inflation gegeben. Dein Geld unter dem Kopfkissen lagern, führt also ebenfalls zu Verlusten.

Tagesgeld:

Für dein *Notfall- Sparschwein* habe ich dir bereits das Tagesgeldkonto empfohlen. Hier kannst du auf sichere Weise dein Geld parken und kommst jederzeit ohne Kündigungsfristen an dein Erspartes. Leider gibt es mittlerweile in Deutschland kaum oder sogar überhaupt keine Zinsen mehr für dein Geld, was du auf das Tagesgeldkonto parkst. Daher eignet es sich eher für kurzfristige, kleinere Sparziele und eben für deine Notfallreserve.

Festgeld:

Etwas mehr Zinsen für deine Ersparnisse erhältst du beim Festgeld (etwa 1- 1,5%). Hier legst du für einen vorher festgelegten Zeitraum dein Geld an. Je länger dieser Zeitraum ist, umso höher ist die Verzinsung. Anders als beim Tagesgeld, kannst du aber erst nach Ablauf dieser Frist wieder über dein Geld verfügen. Auch diese Anlageform gilt als sehr sicher. Sie eignet sich für kurzfristige bis mittelfristige Sparziele, bei denen du absehen kannst, wann du das Geld benötigst.

Anleihen:

Anleihen sind Schuldverschreibungen von Staaten oder Unternehmen. Das heißt, mit dem Kauf einer Anleihe gewährst du dem Herausgeber einen Kredit, den dieser mit Zinsen nach einer festgelegten Zeit zurückzahlen muss. Anders als Aktien unterliegen Anleihen nicht dem Risiko von hohen Kursschwankungen. Kleinere Schwankungen kommen vor. Besonders Staatsanleihen gelten gemeinhin als sichere Anlageform. Insolvenzen und Staatspleiten können aber trotzdem zu Verlusten führen.

Immobilien/ REIT ETF:

Durch den materiellen Sachwert sind Immobilien eine wertstabile Anlageform. Gemeint ist jedoch nicht das Eigenheim, was du selbst bewohnst. Ein Eigenheim ist nur bedingt als Geldanlage zu sehen und eher im Bereich Luxusgüter angesiedelt. In Immobilien kannst du entweder in Gebäude investieren und so Mietzahlungen generieren, oder du legst dein Erspartes in Immobilienfonds oder auch REIT ETFs an. Diese gehören zu den risikoärmeren Anlageformen und eignen sich für mittel- und langfristige Sparziele.

Aktien:

Mit einer Aktie erwirbst du ein Anteil eines Unternehmens. Die Investition in einzelne Aktien gehört zu den riskanten und spekulativen Anlageformen. Hohe Kursschwankungen oder die Insolvenz des Unternehmens können bis zum kompletten Verlust deines eingesetzten Kapitals führen. Daher ist es extrem wichtig, sich vor dem Kauf mit den Zahlen des jeweiligen Unternehmens auseinander zu setzen. Ich empfehle dir, wenn du dich für Einzelaktien interessierst, dann suche dir große, bekannte Unternehmen des täglichen Bedarfs aus. Diese Produkte werden auch in Krisenzeiten gebraucht und die wirtschaftliche Lage ist weniger spekulativ.

Fonds:

Ebenfalls zu den Wertpapieren gehören Fonds, oder auch Investmentfonds. Hierbei investierst du dein Geld in eine Fondsgemeinschaft mit vielen anderen Anlegern zusammen. Das Geld wird dann von einem Manager *aktiv* in verschiedenen Anlagebereichen wie Aktien, aber auch Anleihen, Rohstoffe, Immobilien, Gold... gestreut, mit der Hoffnung auf möglichst hohe Gewinne und Renditen. Das Risiko ist hierbei geringer als bei einzelnen Aktien, da du in viele verschiedenen Anlagen gleichzeitig investierst. Der Nachteil ist, dass für dich höhere Gebühren zu entrichten sind, die deinen Gewinn schmälern. Zudem musst du darauf vertrauen, dass der Manager weiß, was er tut.

ETFs:

Besser als Fonds finde ich persönlich ETFs (Exchange Traded Funds). Diese gehören zwar auch zu den Fonds, werden allerdings nicht aktiv gemanagt, sondern bilden in der Regel einen Index nach. Ein Index zeigt die Kursentwicklung am Aktienmarkt oder bestimmter Gruppen und Branchen an (DAX, Dow-Jones-Index, Tech-Index...).

Beim ETF wird dein Erspartes also in den Unternehmen investiert, die den jeweiligen Index abbilden. Da hierfür kein Manager nötig ist, entfällt ein Großteil der Gebühren. Deine Renditechancen sind aber auch sehr gut. ETF- Sparpläne werden teilweise bereits für 25,- Euro im Monat angeboten, so dass du auch mit wenig Kapital in die Aktienwelt einsteigen kannst.

Da es auch hier immer wieder zu Kursschwankungen kommen kann, wie generell an der Börse, ist es ratsam auch hier auf lange Sicht zu investieren. Man spricht hierbei von *Buy and Hold.* Du kaufst also ETF Anteile und behältst sie auch bei fallenden Kursen. Krisenzeiten werden einfach ausgesessen. Bedenke, erst beim Verkauf deiner Anteile realisierst du deine Gewinne oder Verluste, vorher sind es „nur" Buchwerte, die sich täglich der Marktsituation anpassen.

Achte bei der Auswahl eines ETFs darauf, dass das Fondsvermögen nicht zu klein ist, mindestens 500 Millionen, und der Fond sollte bereits seit einigen Jahren bestehen. Ansonsten kann es vorkommen, dass die Fondsgesellschaft ihn wieder schließt.

P2P Kredite:

P2P bedeutet frei übersetzt privat zu privat (Peer to Peer), das heißt, hier werden Kredite unter Privatpersonen vergeben. Wie ein Kredit bei einer Bank muss der Kreditnehmer die geliehene Summe mit Zinsen zurückzuzahlen.

Es gibt verschiedene Plattformen, die diese Form der Kredite vermitteln. Das größte Risiko dabei ist, dass der Kreditnehmer die Rückzahlungen nicht mehr leisten kann. Auch kann es passieren, dass die Plattform, die den Kredit vermittelt, Pleite gehen kann. Du siehst also, dass diese Anlageform sehr risikoreich ist.

Die Risiken lassen sich aber senken, indem du eine Plattform wählst, die schon längere Zeit besteht und sich ein solides Unternehmen aufgebaut hat. Zudem bieten diese Plattformen auch an, dass du deine Investition nicht nur auf einen Kreditnehmer überträgst, sondern dein Geld in viele kleinere Beträge gesplittet werden und so das Risiko verteilt wird.

Eine weitere Sicherheit bieten Anbieter ihren Investoren durch eine Rückkauf- Garantie. Das bedeutet, dass der Anbieter bei einem Zahlungsausfall des Kreditnehmers deinen investierten Betrag erstattet. Du solltest solchen Sicherheiten jedoch nicht blind vertrauen und stets Informationen über Änderungen der AGBs der Plattform im Auge behalten. Da die Laufzeit der Kredite unterschiedlich lang ist, eignet sich diese Anlageform für kurz-, mittel- und langfristige Sparziele.

Natürlich ist diese Auflistung nur ein kleiner Teil der Möglichkeiten für deinen Vermögensaufbau und es gibt noch zahlreiche weitere Formen. Aber bevor du dich damit befasst, solltest du zumindest die Grundformen kennen und beherrschen. Denke stets daran: keine Geldanlage ist 100% sicher! Man sagt, je höher die Zinsen oder Renditen, desto höher das Risiko.

Je höher der Gewinn, desto höher das Risiko

Nominalzins, Realzins und Negativzins:

Zinsen sind nicht gleich Zinsen und dir werden die verschiedensten Begriffe zu Zinsen begegnen. In der Regel werden bei Sparverträgen oder auch bei Krediten der *Nominalzins* (oder auch *Sollzins*) angegeben. Dieser gibt den rein rechnerischen Zinswert an, der sich von der Spar-, oder

56

Kreditsumme ableitet. Werden dazu die Gebühren für Abschluss und Bearbeitung mit einberechnet, dann spricht man vom **Effektivzins**.

Der **Realzins** ist der Wert der Verzinsung unter Berücksichtigung von Inflation und Deflation. Wenn du dir die Nominalzinsen bei Festgeld (ca. 1 bis 1,5%) ansiehst und die Inflation (im Durchschnitt ca. 2%) berücksichtigst, dann fällt dir auf, dass der Zinswert negativ wird. Dein Erspartes verliert also trotz Verzinsung an Wert. Diese Differenz nennt man dann **Negativzins**. Auch manche Banken erheben Negativzinsen zusätzlich zu den Kontogebühren. Deshalb ist es nicht vorteilhaft, deine Ersparnisse auf dem Konto zu belassen. Dein Girokonto sollte nur als Verteilungszentrum dienen, bei dem deine Einnahmen und Ausgaben durchfließen und deine Gelder eben nicht verwahrt werden.

Renditen sind die Wertsteigerungen und Erträge (Dividendenzahlungen) deiner Geldanlagen innerhalb eines Jahres. Anders als bei Zinsen, die von vorneherein für einen bestimmten Zeitraum festgelegt werden, errechnen sich die tatsächlichen Renditen erst im Laufe des Jahres anhand der Kursschwankungen am Börsenmarkt.

Da es so viele Fettnäpfchen, aber auch Möglichkeiten für deine Geldanlagen gibt, solltest du gut deine Risikobereitschaft abwägen, es geht immerhin um dein Geld. Gerade wenn du so verlockende Werbeversprechen und Angebote mit hohen Renditen in einer vermeintlich sicheren Geldanlage erhältst, solltest du vorsichtig sein und es genau auf Risiko oder versteckte Gebühren prüfen.

Es ist zwar schön mit 180 km/h über die Autobahn zu fahren und vorgeblich schnell an dein *Finanz-Ziel* zu kommen. Wenn dann aber vor dir plötzlich ein Hindernis, wie etwa eine Finanzkrise oder Börsencrash, auftaucht, und du dadurch dein Fahrzeug verschrottest, kommst du überhaupt nicht ans Ziel. Es gibt jedoch, genau wie im Straßenverkehr, Regeln und Möglichkeiten dein Risiko überschaubar zu halten.

Regel 1: *Gurt anlegen und Airbag einschalten*

Dein Gurt ist deine Eigenverantwortung und dein Wissen. Du überlässt es auch nicht anderen dich anzuschnallen, sondern überprüfst es selbst. Das gilt auch für deine Geldangelegenheiten. Mit diesem Buch legst du bereits deinen Gurt an.

Dein Airbag ist dein *Notfall- Sparschwein*. Je größer, umso besser. Dieses Geld steht **nicht** zum Investieren zur Verfügung. Passe deine Reserve auch stets deinen Lebensumständen an. Im Kapitel *Versicherungen* lernst du deine Seiten- Airbags kennen.

58

Regel 2: Augen auf die Straße richten

Sobald du dein Ziel im *Finanz- Navi* eingegeben hast und losfährst, geht dein Blick auf die Straße vor dir. Denke daran, du kannst immer nur bis zur nächsten Kurve blicken. Überprüfe also regelmäßig deinen eingeschlagenen Weg und korrigiere ihn notfalls. Du brauchst Planung und Struktur. Setze dir Etappenziele, kleine Erfolge zwischendurch geben dir Antrieb um weiterzufahren.

Regel 3: Viele Wege führen nach Rom

Das Schöne am Vermögensaufbau ist, dir stehen unzählige Wege offen. Streue deine Möglichkeiten so breit wie möglich, bis du ein großes Straßennetz hast. Selbst wenn eine Straße in eine Sackgasse oder Vollsperrung führt, kommst du über die anderen Straßen weiter deinem Ziel entgegen. *Diversifizierung* heißt diese Strategie.

Regel 4: Runter vom Gas

Auch wenn es verlockend ist hohe Zinsen zu erhalten und Tempo zu machen, halte dich besser an die Durchschnittsgeschwindigkeit. Versuche nicht schneller als andere zu werden. Denke daran, ein Rennfahrer braucht jahrelanges Training, um sein Fahrzeug in rasanter Fahrt auf der

Strecke zu halten und die wenigsten sind wirklich erfolgreich. Wenn du die Basics des Vermögensaufbaus beherrscht, kommst du im normalen Straßenverkehr gut zurecht. Experimentiere also nicht mit exotischen und komplexen Anlageformen herum, ohne das Wissen dazu zu haben.

Regel 5: *Keine Panik*

Wenn es mal stürmisch wird am Aktienmarkt und die Kurse fallen, dann heißt es, abwarten und Tee trinken. Auch wenn es schwer fällt und du die Verluste in deinem Portfolio vor Augen hast, es sind nur Buchungswerte. Erst mit dem Verkauf deiner Wertanlagen realisierst du den Gewinn oder Verlust in einen Geldwert. Solltest du also die anderen Regeln beachtet haben, dann setze bei Aktien- ETFs und Fonds auf die *Buy and Hold Strategie*.

Wie entwickelst du nun deine persönliche Strategie? Am besten funktioniert das mit einem Mehrkontensystem, das sich an deine Ziele ausrichtet. Stelle dir das so vor, dass du zu jedem deiner Sparziele ein Sparschwein benennst. Nun ordnest du diese Sparschweine ihren jeweiligen Ställen zu, wo sie gut gefüttert werden.

Du hast deine Sparziele bereits in kurz-, mittel- und langfristig unterteilt. Je nach Dauer passt du nun die Anlageformen an. Es ist z.B. nicht ratsam für ein kurzfristiges Sparziel von 1 bis 2 Jahren in Aktien zu investieren. Die Kursschwankungen sind dafür einfach zu hoch und unberechenbar. Wenn du Pech hast, fällt genau dann der Kurs deiner Aktien, wenn du dir dein Erspartes auszahlen lassen möchtest. Du riskierst dann Verluste statt Gewinne. Bei einem langfristigen Sparziel würden diese Kursschwankungen hingegen nicht so ins Gewicht fallen. Du wartest dann einfach ab bis die Aktienkurse wieder steigen.

Bisher haben sich die Wirtschafts- und Finanzmärkte nach jedem Crash wieder erholt. Manchmal dauert es allerdings auch ein paar Jahre. Wenn du dir die Zahlen des DAX (Deutscher Aktien Index) aus der Zeit der Finanzkrise 2008 ansiehst, so erkennst du, dass die Werte bis ins Jahr 2009 stetig gefallen sind. Erst dann haben sie sich allmählich erholt. Im Jahr 2011 wurden wieder die Werte erreicht, die der DAX vor der Krise hatte und sind seitdem weiter gestiegen.

Für kurzfristige und mittelfristige Sparziele eignen sich eher Festgeldanlagen, Immobilieninvestments und Anleihen. Auch bei P2P Kredite kannst du unterschiedliche Laufzeiten wählen.

Hier in der Grafik zeige ich dir ein Beispiel, wie ein Mehrkontensystem aufgebaut sein könnte:

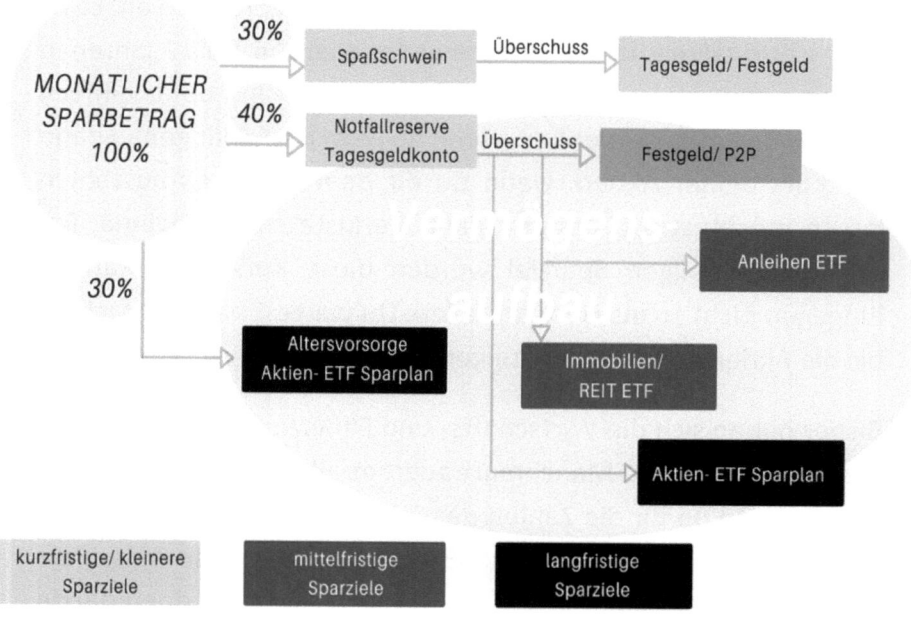

Wie du anhand der Grafik siehst, führt bei deinem Vermögensaufbau kein Weg an der Börse vorbei. Um dort Anleihen und ETFs handeln zu können, brauchst du ein **Depot**. Ein Depot ist quasi ein Lager für deine Wertpapiere.

Früher verlief Börsenhandel umständlich über Banken und Broker, die du persönlich oder telefonisch kontaktieren musstest. Mittlerweile kannst du aber dank Digitalisierung alles gemütlich von zu Hause erledigen. Du benötigst dazu lediglich einen online Broker, bei dem du dein Depot eröffnest.

Bei der Wahl deines Brokers solltest du dich vorher über die Kosten informieren. Die meisten Broker bieten ein kostenloses Depot an, das heißt du zahlst keine monatlichen Grundgebühren für dieses Konto. Dafür können dann bei einem **Trade**, also beim Kauf und Verkauf von Wertpapieren höhere Gebühren fällig werden. Da ich dir eher zu ETFs rate, suche dir am besten einen Broker aus, der viele verschiedene, kostenlose ETF- Sparpläne anbietet. Hierbei entfallen dann die **Orderentgelte**. Orderentgelt ist die Provision, die dein Broker normalerweise für deinen Handelsauftrag erhält.

Weitere Kosten und Gebühren, die du beim Wertpapierhandel beachten solltest, ist bei ETFs und Fonds der **TER** *(Total Expense Ratio)*. Dieser zeigt die Gesamtkostenquote des Fonds an. Bei einem ETF liegt dieser etwa bei 0,1% bis 0,5% und ist damit wesentlich günstiger als aktiv gemanagte Fonds, die bei etwa 1% bis 2,5% oder mehr liegen. Das hört sich vielleicht nicht nach einem großen Unterschied an, macht aber auf längere Sicht sehr viel aus (siehe Kapitel *Altersvorsorge/ Zinseszins*).

Wenn du keinen kostenfreien Sparplan bei deinem Broker einrichtest, sondern selbst Aktien- oder ETF- Anteile an der Börse erwerben möchtest, fallen zudem noch **Handelsplatzgebühren** an. Diese können ganz unterschiedlich ausfallen, werden dir aber vor jedem Kaufabschluss angezeigt. Es lohnt sich vor dem Kauf die Gebühren zu vergleichen und einen günstigen Handelsplatz (Börse) zu wählen.

Tipp: Bevor du im Börsenhandel tätig wirst, richte dir zunächst ein **Musterdepot** ein und mache dich mit den Vorgängen vertraut. Die meisten Banken und Broker stellen ein Musterdepot kostenlos zur Verfügung. Hier kannst du dich mit der Vorgehensweise beim Börsenhandel vertraut machen, ohne direkt dein Geld einzusetzen, und die Kursentwicklungen deiner scheinbar gekauften Wertpapiere verfolgen. Es sieht am Anfang komplizierter aus, als es ist. Je mehr du dich damit beschäftigst, umso verständlicher wird es.

Hast du dir deine persönliche Strategie überlegt? Dann richte auf deinem Girokonto Daueraufträge ein, die automatisch deine Investitionsbeträge zu den jeweiligen Sparkonten überweisen. So hast du nur einmal den Aufwand und musst nicht jeden Monat an die Überweisungen denken.

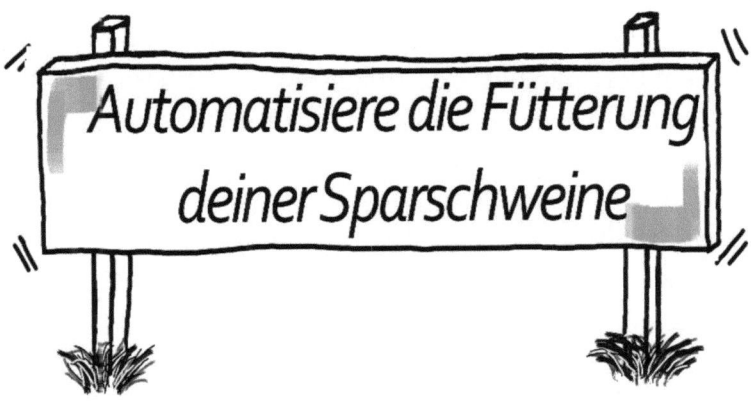

Automatisiere die Fütterung deiner Sparschweine

Führe deine Daueraufträge direkt zum Anfang des Monats aus und spare nicht nur das Geld, was am Monatsende übrigbleibt. Sobald dein Gehalt also auf deinem Konto eingezahlt wurde, fließt direkt dein fest eingeplanter Sparbetrag auf deine Sparkonten und in dein Depot. Lass es zu einer Selbstverständlichkeit werden, dass du erst an deine Träume und Ziele denkst, bevor du dich anderen Ausgaben zuwendest. Sei dir selbst am Wichtigsten. Denn nur wenn es dir gut geht, kannst du auch für andere da sein.

Deine Anlagestrategie richtet sich bisher nach deinen Sparzielen und dem Zeitraum bis zu deren Erfüllung aus. Entsprechend dieser Kriterien verteilst du deinen Sparbetrag in verschiedene Finanzanlagen. Die Sammlung von verschiedenen Anlageformen nennt man **Portfolio**. Es gibt aber noch andere Merkmale, die du bei deinem Portfolio berücksichtigen solltest. Das Hauptziel ist es, deine Ersparnisse so anzulegen, dass sie relativ sicher sind und sich dabei bestmöglich vermehren.

Beim Tagesgeld und Festgeld trägst du zwar kein Risiko durch Kursschwankungen oder Kapitalverluste, du machst aber auch keinen Gewinn. Selbst wenn du wie beim Festgeld 1% Zinsen erhältst, so stehen dem durchschnittlich 2% Inflation, also Wertverlust gegenüber. Inflation bezeichnet den Kaufwertverlust durch Preiserhöhungen, das heißt, dadurch, dass die Preise der Produkte sich ständig erhöhen, sinkt der Wert deines Geldes.

Besser stehen dagegen Aktien, Anleihen und Immobilien. Auf dem Aktienmarkt kannst du auf lange Sicht (15 bis 20 Jahre) im Schnitt zwischen 5% und 8% Rendite erzielen, manchmal sogar mehr. Allerdings gibt es eben auch Schwankungen der Kurse (Volatilität), so dass das Risiko hoch ist, Verluste zu machen, wenn du genau in einer Phase der fallenden Kurse verkaufst. Wie schon im Kapitel *Vermögensaufbau* bei den 5 Regeln beschrieben, kannst du dieses

Risiko verkleinern, indem du in viele verschiedene Unternehmen investierst.

Der MSCI World Index ist ein globaler Index, der die 23 wichtigsten Industrieländer abzeichnet. In einem MSCI World ETF werden etwa 1600 Unternehmen gelistet. Verglichen mit dem DAX, in dem die 30 größten Unternehmen Deutschlands gelistet sind, bist du mit einem MSCI World ETF also schon ganz gut aufgestellt. Der FTSE All World umfasst sogar über 3000 Unternehmen weltweit. Du siehst, du kannst bereits mit einem ETF eine sehr breite Diversifizierung erreichen und somit das Risiko durch hohe Verluste verringern.

Idealerweise kombinierst du zu diesen ETFs risikoarme, festverzinste Anlageformen wie Festgeld und Anleihen. Damit reduzierst du dein Verlustrisiko durch Kursschwankungen in deinem Portfolio.

Hier ein vereinfachtes Rechenbeispiel, um es zu verdeutlichen: Du legst 1000€ für ein Jahr an. Der Aktienmarkt bricht in dieser Zeit um 10% ein:

Strategie 1: Du investierst 100% in Aktien
Strategie 2: Du investierst 50% in Aktien und 50% in festverzinste Anleihen zu 4%.

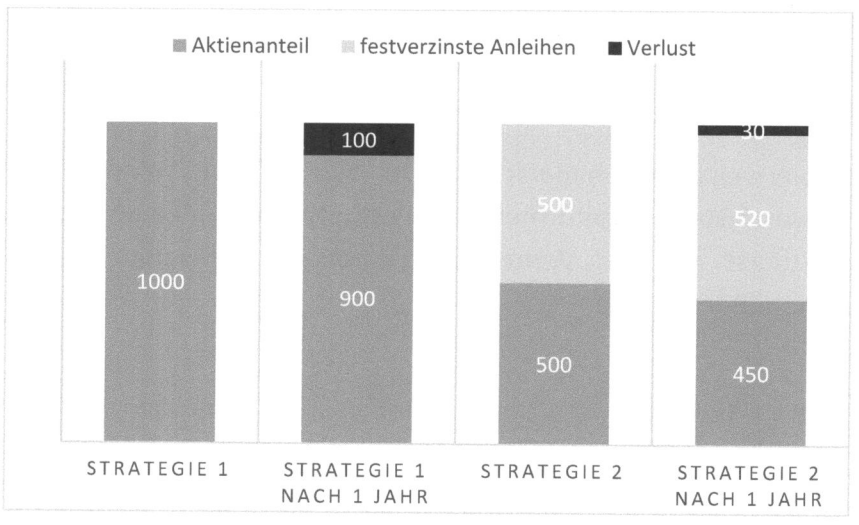

Wie du bei Strategie 1 siehst, hättest du nach einem Jahr 100€ Verlust gemacht. Mit Strategie 2 beträgt dein Verlust nur 30€. Somit hättest du deinen Verlust um 70% reduziert.

68

Es liegt ganz allein bei dir, wie risikobereit du mit deiner Finanzanlage sein möchtest. Wenn du auf längerfristige Sparziele setzt, darf deine Risikobereitschaft auch gerne etwas höher liegen, da Kursschwankungen im Laufe der Zeit wieder aufgefangen werden können. Je mehr du dich dem Ende deines Sparziels näherst, umso mehr schichtest du dann dein Portfolio in risikoärmere Anlagen um. Du verkaufst also nach und nach einen Teil deiner Aktienanteile, wenn die Kurse im Gewinnbereich sind, und legst dieses freigewordene Kapital in festverzinste Anlagen an.

Je kürzer dein Sparziel, umso kleiner wähle den Risikoanteil

Wichtig ist, dass du dir zu Anfang überlegst, wie du deine Ersparnisse aufteilst und dann bleibe auch bei dieser Strategie. Jedes zusätzliche Umschichten, Verkaufen und Kaufen von Anteilen kostet Gebühren. Lege dir einen Zeitraum fest, vielleicht 6 Monate oder einmal im Jahr, wo du dein Portfolio überprüfst

69

und gegebenenfalls neu ausrichtest. Du kannst dir dafür eine Tabelle anlegen:

Kapitalanlage	Anfangsbestand	%	Zwischenstand nach 6 Monate	%	Endbestand nach 12 Monate	%
Tagesgeld						
Festgeld						
Anleihen						
Immobilien						
Aktien ETF						
P2P						
sonstige						
Strategie	Sichere Anlage		Mittleres Risiko		Höheres Risiko	

Um es dir zu verdeutlichen ist hier ein Beispiel meiner persönlichen Anlagestrategie:

Entsprechend meiner Sparziele habe ich 2 Portfolios mit unterschiedlicher Risikoverteilung angelegt.

Portfolio 1:

Strategie	Sichere Anlage	80%	Mittleres Risiko	10%	Höheres Risiko	10%

Bei dieser Strategie spare ich gerade auf den Eigenkapitalanteil für den Kauf einer Eigentumswohnung hin. Da ich diese in etwa 3 bis 5 Jahren erwerben möchte, versuche ich möglichst größere Kursschwankungen zu vermeiden und setze auf feste Zinsen.

Portfolio 2:

Strategie	Sichere Anlage	10%	Mittleres Risiko	20%	Höheres Risiko	70%

Wie du bei dieser Strategie siehst, gehe ich hier ein größeres Risiko durch Schwankungen ein. Dieses Portfolio ist für meine

Altersvorsorge gedacht. Da ich noch gut 25 Jahre vom Rentenalter entfernt bin, können sich Kursschwankungen mit der Zeit wieder ausgleichen.

Portfolio 2 Umstrukturierung:

Etwa 10 Jahre vor meinem Renteneintritt werde ich mit dem Ausstieg aus dieser Strategie beginnen und jedes Jahr 5% aus dem risikoreichen Bereich abziehen und in den sicheren Anlageformen investieren, so dass ich am Ende bei dieser Verteilung ankomme:

Strategie	Sichere Anlage	60%	Mittleres Risiko	20%	Höheres Risiko	20%

Wie du im vorherigen Kapitel gesehen hast, habe ich eine Sparplan- Strategie für meine Altersvorsorge eingerichtet. Ich möchte damit später mein *Rentenloch* auffüllen. Vielleicht hast du dir darüber bisher noch keine Gedanken gemacht, aber dieses Thema ist enorm wichtig, besonders wenn du noch jung bist. Deshalb möchte ich es hier als eigenständiges Kapitel ansprechen.

In den Medien wird oftmals vom **Rentenloch** und **Rentenniveau** gesprochen. Doch was bedeutet das für dich?

Das *Rentenniveau* ist der Prozentsatz, der von deinem durchschnittlichen Verdienst nach 45 Arbeitsjahren an gesetzlicher Rentenleistung gezahlt wird. Im Jahr 2020 lag dieser bei 48%. Zum Vergleich war das Rentenniveau im Jahr 2000 bei knapp 53%. Bis zum Jahr 2030 wird ein Rentenniveau von 44% erwartet. Du siehst, das Rentenniveau sinkt. *(Quelle deutsche-rentenversicherung.de)*

Konkret heißt das, bei einem durchschnittlichen Nettoverdienst von 2500€ monatlich würdest du aktuell (2020) eine Rentenleistung von 1200€ bekommen. Bei einem Rentenniveau von 44% wären es nur noch 1100€.

Das ist nicht besonders viel. Zudem werden noch die Beiträge für die gesetzlichen Kranken- und Pflegeversicherungen abgezogen, was dein Einkommen noch weiter schmälert. Außerdem beruht diese vereinfachte Beispielrechnung auf der Annahme, dass 45 Jahre volle Berufstätigkeit bis zum Rentenalter vorlag. Zeiten von Arbeitslosigkeit, Kindererziehungszeiten, Teilzeitarbeit... verringern zusätzlich die Rentenleistungen. Daher sind besonders Frauen und Geringverdiener von Altersarmut bedroht.

Du siehst also, zwischen deinem Gehaltseinkommen und der späteren Rentenzahlung klafft eine große Lücke. Dies ist das sogenannte *Rentenloch*. Wie hoch das bei dir ausfällt, kannst du in etwa selbst ausrechnen. Schau dir einmal die Ausgaben in deinem Haushaltsbuch an. Kosten für Wohnen, Lebenshaltung, Versicherungen, Mobilität und Freizeit wirst du auch als Rentner haben. Dafür entfallen die Kosten, die du für den Arbeitsweg und Kleidung aufbringen musst. Auch fallen die Kosten für Kantine oder Auswärtsessen in der Mittagspause weg. Überdenke bei deinen Berechnungen auch, wie deine Lebenssituation später sein wird. Die Kinder sind dann erwachsen und leben eigenständig. Vielleicht hast du ein Eigenheim bis dahin abbezahlt und deine Wohnkosten sinken dadurch. Wahrscheinlich wirst du auch das große Familienauto gegen ein Kleineres eintauschen und somit ebenfalls Kosten sparen.

Auf diese Weise kannst du ausrechnen, wie hoch in etwa dein Bedarf sein wird, den du für einen angenehmen Lebensabend benötigst. Wenn du nun die erwarteten gesetzlichen und gegebenenfalls auch betrieblichen Rentenleistungen davon abziehst, erhältst du Klarheit über die Höhe deines persönlichen *Rentenlochs*.

Die gesetzliche Rentenkasse verschickt regelmäßig eine Renteninformation an dich. Diese zeigt dir an, wie hoch deine gesetzliche Rente ausfallen könnte. Denke daran, dass es sich hierbei nur um geschätzte Werte handelt, die anhand deiner bisherigen Rentenbeiträge und deiner momentanen Lebenssituation ermittelt wird.

Hier eine Beispielrechnung zur Ermittlung der Rentenlücke:

Nehme dazu deine Zahlen aus dem Haushaltsbuch, oder schätze einen für dich passenden Wert, unter der Berücksichtigung deiner späteren Lebensumstände.

Ausgaben	Beispielwerte	Deine geschätzten Werte
Wohnkosten	600 €	
Verträge/ Gebühren	50 €	
Lebenshaltung	400 €	
Mobilität	100 €	
Entertainment	300 €	
Sonstiges	250 €	
Ausgaben im Rentenalter	1 700 €	

Wichtig: Bedenke, dass sich deine Zahlen auf den heutigen Geldwert beziehen. Die Inflation, und somit der Wertverlust deines Kapitals in der Zukunft, ist nicht darin berücksichtigt.

Nun trage die Zahlen aus deinem Rentenbescheid ein und eventuelle Zahlungen aus einer Betriebsrente, oder sonstige Einkünfte...

Einkommen	Beispielwerte	Deine geschätzten Werte
gesetzl. Rente	1 100 €	
betriebl. Rente	0 €	
sonstiges Einkommen	200 €	
Einkommen insg.	1 300 €	

Rechne nun dein Einkommen minus deiner Ausgaben und du erhältst deine Rentenlücke.

	Beispielwerte	Deine geschätzten Werte
Einkommen im Alter	1 300 €	
Ausgaben	1 700 €	
Rentenlücke (Einkommen minus Ausgaben)	400 €	

Wie du siehst, fehlen mir bei diesem Beispiel pro Jahr 4 800€ (400€ *12). Wie hoch fällt deine Rentenlücke aus?

Damit du im Rentenalter weiterhin an deinem gewohnten Lebensstil festhalten kannst, solltest du dir zusätzlich ein Finanzpolster zulegen. Im Internet findest du auf verschiedenen Plattformen Rentenrechner, mit denen du individuell deine Sparsumme ausrechnen kannst, die du zur Schließung deines *Rentenlochs* benötigst. Dabei kannst du unter 2 Varianten der Auszahlung wählen: einmal mit Kapitalverzehr und einmal ohne.

78

Mit Kapitalverzehr bedeutet, dass du dir deine Sparsumme in kleinen Schritten auszahlen lässt. Der Nachteil dabei ist, dass du einen Zeitraum überlegen musst, wie lange dein Sparpolster ausreichen soll. Ist dieser Zeitraum abgelaufen, ist auch deine private Altersvorsorge aufgebraucht. Je länger du diesen Zeitraum wählst, umso größer muss natürlich dein Sparpolster sein.

Ohne Kapitalverzehr heißt, dass du dein Angespartes nicht anrührst, und dir stattdessen nur die Dividenden und Zinsen auszahlen lässt. Du bildest dir ein passives Grundeinkommen, dass unbegrenzt an dich und später an deine Nachkommen ausgezahlt wird.

Für beide Variante benötigst du ein Finanzpolster, dass mehr als Hunderttausend Euro beträgt. Lass dich nicht von den hohen Summen abschrecken. Es ist wirklich wichtig, dich so früh wie möglich damit zu befassen, selbst wenn du nur mit kleinen Sparbeiträgen anfangen kannst. Auch wenn du dein geplantes Sparziel nicht vollständig erreichst, wirst du später für jeden zusätzlichen Euro dankbar sein.

Ich möchte dir gerne ein Beispiel aus meiner Familie geben, um dir zu verdeutlichen, dass auch kleine Beträge eine große Wirkung haben:

Meine Mutter hat, seitdem ich denken kann, Lotto gespielt. Sie gibt zwar keine großen Summen aus, aber eben bereits seit gut 50 Jahren kleckern Woche für Woche ein paar Euros aus ihrer Geldbörse in die Taschen der Lottoveranstalter. Ihr Argument ist dabei, es sei ja nicht so viel Geld. Und damit hat sie auch auf dem ersten Anschein nach Recht.

Der Zinseszins ist dein langjähriger Freund

Nehmen wir einmal an, sie würde pro Woche 10,- für Lotto ausgeben. Dann wären das in einem Monat 40€, in einem Jahr 480€, in 10 Jahren 4 800€ und in 50 Jahren 24 000€. Das ist

80

wirklich keine enorme Summe, gemessen an dem langen Zeitraum. Allerdings wird bei dieser Rechnung das eingesparte Geld nur in die Sparsocke gelegt.

Hätte sie das Geld allerdings nun gewinnbringend angelegt, sieht die Rechnung ganz anders aus. Bei einer Wertsteigerung von angenommenen 5% pro Jahr, was durchaus realistisch ist, würden es nach 50 Jahren statt 24 000€ mehr als 100 000€ sein. 76 000€ wären allein durch die Zinsen dazu gekommen.

Diesen Effekt nennt man **_Zinseszins_**. Er entsteht, wenn die jährlich ausgezahlten Zinsen jedes Mal zu deinem Sparbetrag mit angelegt und im nächsten Jahr ebenfalls verzinst werden. Dein Kapital wächst nicht nur durch deine Einzahlungen, sondern exponentiell auch durch die gezahlten Zinsen, die du Jahr für Jahr zusätzlich anlegst.

Ich möchte es dir hier einmal verdeutlichen:

Sparbetrag / Zeit	40€ mtl. 0 % Zinsen	40€ mtl. 3% Zinsen	40€ mtl. 5% Zinsen	100€ mtl. 5% Zinsen
12 Monate	480,-	487,80	493,-	1 232,50
5 Jahre	2 400,-	2 589,80	2 724,14	6 810,34
10 Jahre	4 800,-	5 592,08	6 200,90	15 502,25
20 Jahre	9 600,-	13 107,37	16 301,52	40 753,79
30 Jahre	14 400,-	23 207,29	32 754,35	81 885,88
40 Jahre	19 200,-	36 780,73	59 554,29	148 885,72
50 Jahre	24 000,-	55 022,31	103 208,56	258 021,40

Quelle: zinsen-berechnen.de

Hierbei sind natürlich noch nicht die Kapitalertragssteuern und Gebühren berücksichtigt. Bei der Gegenüberstellung von 3% zu 5% erkennst du sehr gut, wie viel die Differenz von gerade einmal 2% Punkten ausmachen können. Bei einer Laufzeit von 10 Jahren fällt der Unterschied noch nicht so sehr auf. Bei 30 Jahren beläuft sich die Differenz allerdings bereits auf fast 10 000,-. Daher achte unbedingt bei Sparverträgen auf die Höhe der Gebühren.

Außer deinem eigenen zusammengestellten Sparplan zur Schließung deiner Rentenlücke, etwa mit ETFs oder anderen Anlageformen, die du selbst steuern kannst, werden dir vielleicht auch private oder betriebliche *Rentenversicherungen* angeboten. Hierbei ist jedoch dein eingezahltes Geld für den Zweck gebunden und du kannst erst im Rentenalter, oder mit Ablauf der Vertragslaufzeit davon profitieren. Sollten sich deire Lebensumstände drastisch verändern, kannst du nicht auf deire Ersparnisse zurückgreifen.

Wie du siehst, ist es auch hier wieder von Vorteil, wenn du mehrere Möglichkeiten wählst und dich nicht nur auf einen, vermeintlich sicheren Weg verlässt. Auch hier gilt wieder, sei dein eigener Berater und informiere dich selbst, um genau das Passende für deine Lebenssituation zu finden.

Gerade private Renten- und *Kapitallebensversicherungen* werben gerne mit einer garantierten stabilen Verzinsung. Jedoch sind die Gebühren für solche Produkte sehr hoch, so dass die Verzinsung praktisch bei null liegt. Wenn du dann noch die Abschlussgebühren und Inflation mit einbeziehst, könntest du sogar mit Verlusten rechnen.

In manchen Fällen kann sich allerdings eine zusätzliche Rentenversicherung rentieren. Eine *betriebliche Rentenversicherung* wäre nämlich dann interessant, wenn dein Arbeitgeber ebenfalls einen hohen Anteil, mindestens 50%, beisteuert. Bei geringeren Arbeitgeberanteilen solltest du genau auf die Gebühren und Abschlusskosten achten, damit sich der Vertrag für dich rechnet.

Eine **Riester Rente** könnte dann interessant sein, wenn du mehrere Kinder hast und/oder dein Einkommen gering ist. Hierbei profitierst du dann von den staatlichen Zulagen. Du musst allerdings 4% deines Bruttoeinkommens einzahlen, um die Förderung zu erhalten. Bei Geringverdienern gilt eine Mindesteinlage von 60€ im Jahr. Solltest du allerdings im Rentenalter auf die staatliche Grundsicherung angewiesen sein, so wird die *Riester-Rente* teilweise mit angerechnet.

Manchmal fällt in den Medien auch der Begriff **Rürup-Rente**. Dieses ist eine Vorsorgerente, die nur Selbstständige und Freiberufler abschließen können. Vorteile hat man hierbei durch steuerliche Vergünstigungen. Da diese Rentenform sehr komplex ist und sich in den meisten Fällen nicht rentiert, möchte ich hier nicht weiter darauf eingehen. Solltest du dich dafür interessieren, informiere dich im Vorfeld umfassend über die Vor- und Nachteile dieser Versicherungsform.

Dies sind nur die gängigsten Formen zur Altersvorsorge außer der gesetzlichen Rentenversicherung. Natürlich gibt es auch noch andere Möglichkeiten. Wichtig ist vor allem, dass du dich mit dem Thema Rentenlücke und Altersvorsorge so früh wie möglich beschäftigst. Bedenke auch immer, dass sich deine Lebensumstände im Laufe der Jahre ändern können, so dass du einen Sparplan entwickelst, der flexibel ist und sich immer wieder an deine Bedürfnisse anpassen lässt.

Versicherungen

Vielleicht fragst du dich gerade, was haben Versicherungen mit deinem Vermögensaufbau zu tun. Wenn du überlegst, was der Sinn einer Versicherung ist, wird es dir schnell klar. Versicherungen schützen dich in einer Notlage vor finanziellen Schwierigkeiten. Du bezahlst also mit deinem Versicherungsbeitrag eine Gebühr, damit im Falle eines Ereignisses die Versicherung die Kosten des Schadens übernimmt. Versicherungen sind zusammen mit deiner *Notfallreserve* die Airbags in deinem Fahrzeug, das dich mit Rundumschutz Richtung Vermögensaufbau bringt.

Versicherungen schützen vor finanziellen Schwierigkeiten

Mittlerweile kannst du dich gegen fast jede Notlage absichern. Versicherungsberater machen dir auch noch die kleinste Zusatzversicherung schmackhaft, indem sie dir vor Augen führen, was alles Mögliche passieren könnte. Natürlich sind manche Versicherungen nötig und wichtig, andere hingegen sind überflüssig.

Damit du im undurchdringlichen Versicherungs- Dschungel nicht den Überblick verlierst, beachte vor einem Vertragsabschluss folgende Überlegungen:

Bringt dich die eventuelle Notlage wirklich in finanzielle Schwierigkeiten? Ist deine finanzielle Existenz davon bedroht?

Wenn deine Antwort NEIN lautet, dann brauchst du diese Versicherung nicht. Bedenke stets, für Notfälle hast du dir ja dein *Notfall- Sparschwein* zugelegt. Statt den Beitrag an die Versicherung zu zahlen, füttere liebe dein Sparschwein mit den zusätzlichen Euros.

Diese Regel gilt insbesondere für Konsum- Versicherungen. Brillen-, oder auch Handyversicherungen sind in den meisten Fällen unnötig. Auch eine Verlängerung der gesetzlichen Gewährleistung bei Elektrogeräten von 24 Monaten auf 48 Monaten ist oftmals unnötig. Meistens stecken in den

Vertragsklauseln so viele Ausschlusskriterien, dass in einem Schadensfall die Versicherung doch nicht wirksam ist.

Einige Versicherungen sind allerdings wichtig und sollten für dich Pflicht sein.

Haftpflichtversicherungen

An oberster Stelle steht die *private Haftpflichtversicherung*. Diese springt immer dann ein, wenn du ausversehen jemanden einen materiellen oder physischen Schaden zufügst. Gerade bei Personenschäden können schnell mehrere 10.000€ an Schadenleistungen entstehen.

Wenn du Haustiere hältst, dann solltest du bei deiner privaten Haftpflichtversicherung in den Vertragsbedingungen nachschauen, ob diese mitversichert sind. Meist gehören aber nur Kleintiere, wie Wellensittiche oder Nagetiere dazu. Größere Tiere, wie Hunde oder Pferde, solltest du mit einer *Tierhalter-Haftpflicht* extra versichern.

Weitere Haftpflichtversicherungen solltest du deinem Lebensstyle und Hobbies anpassen, etwa wenn du außergewöhnliche Sportarten ausübst, wie etwa Drohnen fliegen, oder Surfen. Oftmals reicht es, eine zusätzliche Klausel in deiner bestehenden Haftpflichtversicherung mit deinem Versicherungsnehmer zu vereinbaren.

Eine weitere Pflichtversicherung ist die *KFZ- Haftpflicht*. Diese ist sogar gesetzlich vorgeschrieben. Zusätzlich kannst du dein Auto mit einer Teilkasko oder Vollkasko versichern, so dass Schäden an deinem Fahrzeug mit abgesichert sind, die durch Diebstahl, Wildunfälle und dergleichen entstehen. Dieser Kaskoschutz macht aber nur bei einem wertvollen oder neueren Wagen Sinn, da ein Schaden nur bis zum aktuellen Wert des Fahrzeuges ersetzt wird. Bei einem älteren Auto reicht die gesetzliche Haftpflicht vollkommen aus.

Hausratversicherung

Bei der nächsten Versicherung geht es um deine Wohnverhältnisse. Sobald du eine eigene Wohnung beziehst und deine Einrichtung nicht nur aus Bananenkisten und Sperrmüllmöbel besteht, solltest du dir Gedanken über eine *Hausratversicherung* machen. Sollte einmal ein unverschuldeter Brand entstehen, oder ein Wasserrohrbruch deine Wohnung fluten, so werden deine beschädigten Einrichtungsgegenstände ersetzt. Auch wenn du meinst, deine Einrichtung sei nicht besonders wertvoll, so kommen doch mit PC, Stereoanlage, Fernseher, Küchengeräte... einiges an Werten zusammen. Zudem übernimmt die Hausratversicherung für eine bestimmte Zeit Hotelkosten, falls deine Wohnung vorübergehen unbewohnbar ist. Schau bei deinem Vertrag unbedingt auf die Versicherungssumme. Diese solltest du weder zu niedrig, noch zu hoch ansetzen. Man sagt etwa 1.000€ pro Quadratmeter Wohnfläche sollten ausreichen. Besitzt du wertvollere Gegenstände, ist es natürlich angebracht die Versicherungssumme anzupassen.

Krankenversicherung

Als Angestellter bist du automatisch in der gesetzlichen Krankenversicherung pflichtversichert. Dein Beitrag wird von deinem Gehalt einbehalten und mit dem Anteil deines Arbeitgebers direkt an deine Versicherung weitergeleitet. Auch wenn die Krankenversicherung eine Pflichtversicherung ist, so liegt zumindest die Wahl der Versicherungsgesellschaft bei dir und das hat durchaus Vorteile. Die Beitragshöhen der Versicherungen fallen unterschiedlich aus. Auch bieten die Versicherungsgesellschaften verschiedene Bonusprogramme an, wie Zusatzleistungen, kostenlose Vorsorgeuntersuchungen, Prämien für eine gesunde Lebensweise und dergleichen. Ein Vergleich der verschiedenen Krankenkassen und deren Leistungen kann sich durchaus für dich lohnen.

Anders als die verpflichtende Versicherung für Angestellte verhält es sich, wenn du selbstständig bist. Dann ist es nämlich dir selbst überlassen, dich zu versichern. Du kannst dann zwischen einer gesetzlichen oder privaten Krankenversicherung wählen. Beachte jedoch, dass bei einer privaten Versicherung die Beiträge zu Beginn zwar günstig sind, mit dem Alter jedoch steigen. Auch ist es nur in Ausnahmefällen möglich, von einer privaten Versicherung wieder zurück in eine gesetzliche Versicherung zu wechseln.

Haftpflicht-, Hausrat- und Krankenversicherung solltest du auf jeden Fall abschließen. Darüber hinaus solltest du dir auch Gedanken über eine **Berufsunfähigkeits-** und **Risikolebensversicherung** machen. Insbesondere dann, wenn du eine Familie gründest und du für das Haupteinkommen zuständig bist.

Dagegen ist eine *Kapital- Lebensversicherung* heutzutage nicht mehr rentabel. Sie bietet zwar Schutz im Todesfall, ist aber zum Vermögensaufbau oder Rentenausgleich nicht so gut geeignet. Versicherungsmakler werben hierbei zwar gerne mit dem Garantiezins, jedoch ist dieser sehr gering. Dagegen sind die Gebühren und laufenden Kosten sehr hoch, was die Kapitalvermehrung entgegenwirkt.

Auch bei Kombi- Versicherungen solltest du skeptisch sein. Oftmals beinhalten diese Produkte Zusatzleistungen, die für dich und deiner Lebenssituation nicht passend oder unnötig sind.

Egal um welche Versicherung es geht, lass dich nie zu einem Abschluss drängen und hole dir immer Vergleichsangebote ein. Ein guter Versicherungsmakler hat dafür Verständnis.

90

Experten raten, dass man eine Sparquote von etwa 10% bis 15% des netto Einkommens mindestens erreichen sollte, um im Alter abgesichert zu sein. Ich halte sogar eine Sparquote von 20% als Minimum für sinnvoll, je 10% für die eigene Altersvorsorge und 10% für meine anderen Sparziele. Besser ist natürlich noch mehr. Schließlich möchte ich von meinem Ersparten nicht erst im Rentenalter profitieren.

Der einfachste Weg deine Sparquote zu steigern, ist, deine Kaufgewohnheiten zu ändern. Vielleicht sind dir bei der Führung deines Haushaltsbuches bereits einige Ausgaben aufgefallen, die sich vermeiden oder einschränken lassen, ohne dass du großartig etwas vermissen würdest. Statt den Kaffee to go könntest du deinen Kaffee in einer Thermoskanne mit zur Arbeit nehmen. Statt unterwegs schnell beim Bäcker ein kalorienreiches Zuckerteilchen zu kaufen, könntest du dir ein leckeres Sandwich morgens zu Hause zubereiten und in einer Dose mitnehmen. Das spart nicht nur Geld, sondern ist meistens auch noch gesünder.

Fällt es dir jedoch schwer, auf die kleinen Annehmlichkeiten zwischendurch zu verzichten? Dann haben Werbung und Medien gute Arbeit geleistet und dich wunderbar im Griff. Aber so wie die Werbung mit Tricks arbeiten, um dein Unterbewusstsein zu steuern, kannst du ebenfalls Tricks anwenden, die dich davor bewahren. Es ist immer eine Frage des Bewusstmachens. Wenn du weißt, wie die Mechanismen funktionieren, kannst du dich besser dagegen wehren.

Hier ein paar Tipps, die ich selbst anwende und mir immer wieder aufs Neue geholfen haben, mich vor unnötigen Ausgaben zu schützen.

Tipp 1: *Muss es immer NEU sein?*

Klamotten, Autos, Haushaltsgegenstände... alles gibt es auch in Secondhand- Shops, auf Flohmärkten, beim Gebrauchtwagenhändler, oder im Internet auf bekannten Plattformen. Es muss nicht immer alles neu gekauft werden.

Gegenständen, die nur selten gebraucht werden, wie bestimmte Werkzeuge oder Gartengeräte, kannst du oftmals auch in Baumärkten und Gartencentern mieten. So ersparst du dir nicht nur die hohen Anschaffungskosten, sondern auch den Platz im Keller oder der Garage, wo das Teil eh die meiste Zeit ungenutzt stehen würde.

Nutze Bibliotheken und kostenlose Bücherschränke statt dir immer wieder neue Bücher zu kaufen.

***Tipp 2**: DIY – Mach es selbst!*

Statt Fertig- Essen, Restaurant Besuche oder Lieferdienste, koche selbst aus frischen Zutaten und nehme dir dein Gericht für die Mittagspause mit.

Werde kreativ und verschenke Selbstgemachtes und Gebasteltes. Das ist viel persönlicher und der Beschenkte freut sich noch mehr über die besondere Aufmerksamkeit.

Geht etwas kaputt, dann versuche es selbst zu reparieren oder bei Kleidungsstücken zu flicken. Vieles kannst du auch ohne viel handwerkliches Geschick wieder in Ordnung bringen.

Egal ob kochen, basteln, Garten Ideen oder handwerkliches, im Internet findest du viele kostenlose DIY Anleitungen. Sei kreativ und probiere es aus. Vielleicht entdeckst du dabei ganz neue Talente in dir und findest ein neues Hobby.

***Tipp 3**: Mache dir deine Sparerfolge sichtbar*

Nimmst du deine Kaufgewohnheiten mittlerweile etwas bewusster wahr und vermeidest die eine oder andere Ausgabe, die du sonst getan hast? Vielleicht achtest du auch mehr auf Angebote und vergleichst Preise, bevor du etwas kaufst. Aber was machst du nun mit dem eingesparten Geld? Lass es auf keinen Fall in deiner Geldbörse liegen, denn dann fließt es nur in andere Ausgaben und versickert unbemerkt. Besser wäre es, wenn du dir für die kleinen Spargroschen ein Sparschwein zulegst, dem du einem deiner Träume oder Ziele zuordnest. Du kannst dir natürlich auch einen ganzen Schweinestall aufbauen und direkt für mehrere Ziele deine Sparschweine anfüttern. Auch wenn es nur kleine Centbeträge sind, vielleicht hast du schonmal den Spruch gehört:

Kleinvieh macht auch Mist!

Ich selbst habe zwei Sparschweine für meine Sparerfolge zwischendurch, eins ist meine Spaßkasse und das andere ist meine Urlaubskasse. Es ist ein richtig gutes Gefühl, ihnen beim Wachsen zuzusehen und noch schöner ist es, wenn ich mir von dem Geld etwas Besonderes gönne.

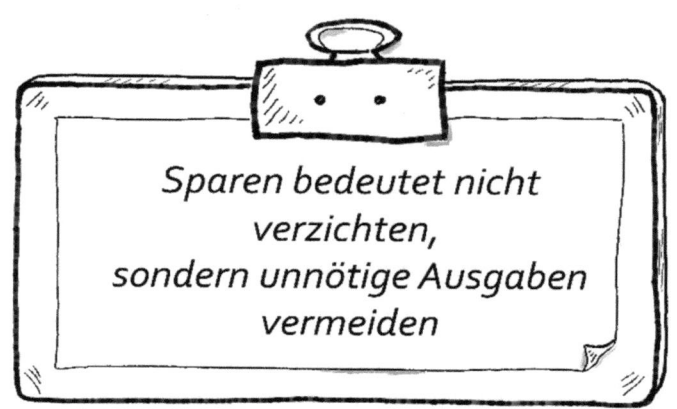

Sparen bedeutet nicht verzichten, sondern unnötige Ausgaben vermeiden

Mache dir deine Sparerfolge also immer wieder bewusst und belohne dich. Setze dir kleine Etappenziele und feiere dich dafür, dass du es geschafft hast. Jeder gesparte Euro ist ein Erfolg für dich. Sparen bedeutet nicht zu verzichten, sondern unnötige Ausgaben zu vermeiden.

Das gleiche gilt auch für deine Sparziele auf deinen Sparkonten. Überprüfe regelmäßig, wie deine Konten wachsen. Übertrage am Monatsende den Rest deines Ausgabenbudgets auf deine Sparkonten. Nehme nichts mit in den nächsten Monat. Jeden Monat fängst du aufs Neue an dein Budget zu planen.

Tipp 4: *Aus den Augen, aus dem Sinn*

Kennst du solche Autofahrer, die bei einer grünen Ampel abbremsen, aus Angst, sie könnte auf Rot umspringen? Es ist die Angst davor, etwas falsch zu machen, die sie abhält, zügig ihren Zielen entgegen zu fahren. Lieber fahren sie langsam und richten sich ein dickes Zeitpolster ein, obwohl die Ampel ja noch eine Gelb- Phase hat.

Dann gibt es noch die Fahrer, die bei einer gelben Ampel Gas geben, um nicht stehen bleiben zu müssen. Sie passen ihre Geschwindigkeit an, um so gerade eben weiter fahren zu können. Anhalten und auf der Stelle stehen, kommt nicht in Frage. Diese Fahrer haben ihr Ziel vor Augen und möchten zügig vorankommen.

Zu welcher Gruppe gehörst du?

Übertragen auf den Vermögensaufbau richten sich die zögerlichen Fahrer ein großzügiges Budgetpolster in ihrer Haushaltsplanung ein, um garantiert bis zum Ende des Monats mit dem Einkommen auszukommen. Eigentlich möchten sie ihr Ziel erreichen, aber sie gehen es eher zögernd und halbherzig an. Dabei müssen sie nur aufpassen, dass die Ampel nicht auf Rot springt.

Stell dir vor, dein Ausgabenkonto ist wie eine Ampel mit Grün-, Gelb- und Rot- Phasen. Zum Monatsbeginn, wenn dein Einkommen auf dein Konto fließt, zeigt die Ampel grün. Im Laufe des Monats schmilzt dein Geld nur so dahin. Die Ampel springt erst auf Gelb und wenn du nicht aufpasst, auf Rot. Mit dem Haushaltsbuch hast du bereits ein Bewusstsein für deine Einnahmen und Ausgaben entwickelt und mit deiner Zielsetzung kennst du dein WARUM. Meist reicht das schon als Anschubser, um deine Ausgaben neu zu überdenken und deinem Vermögensaufbau etwas Geschwindigkeit zu geben.

Noch mehr Tempo erhältst du, wenn du dein Ausgaben- Budget sehr begrenzt hältst. Du stellst deine Ausgaben- Ampel dauerhaft auf Gelb. Verdoppele dazu deine monatliche Sparquote und verschiebe zum Monatsanfang den zusätzlichen Sparbetrag in dein *Notfall Sparschwein*. Du wirst sehr wahrscheinlich im Laufe des Monats wieder einen Teil davon auf dein Konto zurückbuchen müssen, um deine Rechnungen zu begleichen und das ist völlig in

Ordnung. Du verhinderst dadurch, dass dein Ausgabenkonto auf Rot springt.

Der Sinn dabei ist, dass du auf deinem Ausgabenkonto nur noch einen kleinen Verfügungsrahmen hast, den du dir ständig vor Augen führst. Du wirst automatisch versuchen, deine Ausgaben deinem Budget entsprechend anzupassen, um dich nicht zu verschulden.

Diese Methode der selbstgewählten Verknappung macht sich gleich zwei psychologischen Tricks zunutze, die in unserem Unterbewusstsein fest verankert sind. Zum einen hat der Mensch ein hohes Sicherheitsbedürfnis. Nun ist es doch so, dass dein Ausgabenkonto praktisch für jeden offen steht. Du bezahlst im Geschäft mit deiner EC- Karte und gibst somit die Erlaubnis, den Betrag von deinem Konto abbuchen zu lassen. Deine Wohnkosten und Daueraufträge werden ohne dein Zutun eingezogen. So gesehen darf sich jeder aus deinem Ausgabentopf bedienen.

Mit deinem *Notfall Sparschwein* ist das anders. Darüber hast nur du allein die Kontrolle. Dein Geld ist also für all die anderen „gierigen Hände" sicher. Und was wir einmal in Sicherheit wägen, geben wir Menschen nicht so gerne wieder her. Du wirst dir also ganz genau überlegen, wieviel du von deinem sicheren Tagesgeldkonto abzweigst und somit nur das Nötigste entnehmen. Immerhin geht es um deine Träume und Ziele, die du dir mit dem Ersparten erfüllen möchtest und jede Entnahme bedeutet einen Rückschritt und Verlust.

Ein weiterer Effekt dieser Methode ist, der Mensch hat nicht nur ein hohes Sicherheitsdenken, er ist zudem auch bequem. Deine monatlichen Sparraten hast du ja bereits per Dauerauftrag automatisiert. Einmal den Dauerauftrag eingerichtet, brauchst du dich um nichts weiter kümmern. Jetzt ist es aber so, dass du mit der Verknappungsmethode im Laufe des Monats überlegen musst, wieviel du von deiner Notreserve auf dein Ausgabenkonto zurück buchen müsstest, um deine Kosten zu decken. Du bist also gezwungen, aktiv zu werden. Du musst deine ausstehenden Ausgaben durchrechnen und den Betrag zurück überweisen. An diesem Punkt trifft nun deine Bequemlichkeit auf dein Sicherheitsdenken und dein Unterbewusstsein wird alles tun, um eher deine Ausgaben anzupassen, anstatt deine Ersparnisse zu opfern.

Tipp 5: *Erkenne Werbetricks*

Rabatte und Gutscheine sind die bekanntesten Werbeaktionen im Handel und überaus verführerisch. Ganz klar, richtig eingesetzt, kannst du damit Geld sparen. Deshalb achte immer vor einem Kauf auf Angebote, egal ob es der Joghurt ist, oder die Jeans. Lass dich allerdings nicht zu Käufen verführen, die du gar nicht wolltest. Wenn du im Supermarkt einen! Joghurt kaufen wolltest, bringt dir das Angebot: „6 mitnehmen, nur 5 bezahlen!" nichts. Deine Ausgaben steigern sich nur dadurch.

Übrigens, im Supermarkt kommen meist nur die Markenartikel ins Angebotsprospekt. Oftmals sind die Discount- oder No-Name Produkte allerdings noch günstiger, als die Angebotsware. Diese findest du in der Regel in den unteren Regalbereichen (Bückware).

Bei Rabatt- Aktionen überlege dir, ob du auch bereit wärst, den vollen Preis zu zahlen. Ist das Produkt den Preis wert, oder ist der Preis von vorneherein höher angelegt worden, um mit Rabatt-Angeboten zu locken? Vergleiche den Preis bei anderen Anbietern. Manchmal ist das gewünschte Teil in einem anderen Laden selbst zum regulären Preis günstiger. Bei einem Joghurt von 70 Cent fällt das nicht so sehr ins Gewicht, bei der Jeans für 70 Euro hingegen schon.

Besonders bei Aktionstagen wie der Black Friday wird gerne mit Fake- Angeboten gelockt. Das sind Waren, die extra günstig eingekauft werden, um sie als Angebote zu deklarieren, sonst aber nicht zum Hauptsortiment des Geschäfts gehören. Meist sind diese Artikel von minderwertiger Qualität und selbst dem rabattierten Preis nicht wert.

Eine weitere Verführungstechnik ist die *Angebotsverknappung*. Damit ist gemeint, dass ein Angebot entweder zeitlich begrenzt wird, oder nur in geringer Stückzahl auf Lager ist. Gerade im online Handel wird das massiv und aggressiv eingesetzt. Da blinkt neben dem „sensationell günstigen" Preis der Hinweis auf: *Nur noch wenige Artikel auf Lager! Jetzt kaufen!...* Ganz ehrlich, wenn ein Artikel cermaßen bei den Käufern begehrt ist, dann wird er

99

auch wieder nachbestellt. Ein Händler wäre ja bescheuert, sich den guten Umsatz entgehen zu lassen.

Zeitliche Begrenzungen findest du oftmals bei Gutscheinen. Du kaufst etwas und erhältst an der Kasse einen Coupon für deinen nächsten Einkauf. Natürlich ist der Coupon nur für eine kurze Zeit einlösbar, der Händler möchte damit bewirken, dass du bald wieder bei ihm dein Geld lässt. %- Coupons kann man noch gut widerstehen, sie haben nur eine abstrakte Größe und der tatsächliche Wert des Gutscheins wird erst beim Kauf entschieden. Schwieriger wird es, wenn ein bestimmter Betrag ausgewiesen wird. 10 Euro sind nun einmal 10 Euro. Du hast eine klare Vorstellung, wie viel Wert dieser Gutschein hat. Hier fällt es uns schwerer, Nein zu sagen. Wir wollen uns ja nicht dieses großartige Geschenk entgehen lassen. In der Regel sind diese Gutscheine aber mit einem Mindestkaufwert gekoppelt. Du musst also für einen Mindestbetrag einkaufen, damit dieser Gutschein wirksam wird. So gibst du im Endeffekt mehr Geld aus, als du eigentlich wolltest.

Unser Unterbewusstsein liebt Geschenke, Gratis- und Gewinn-Aktionen. Dein Körper schüttet beim vermeintlichen Schnäppchen Glückshormone aus und es tut uns fast schon körperlich weh, auf einen gefühlt sicheren Gewinn zu verzichten.

Um dich dagegen zu schützen, befolge diese Regeln:

- plane, was du brauchst
- vergleiche Preise
- schlafe eine Nacht drüber, besser sogar zwei oder länger
- lass dich nicht zum Kauf drängen

Es ist ein großer Unterschied zwischen *Wollen* und *Brauchen*. Etwas wollen, ist nur für den Moment befriedigend, hat aber keinen langzeitlichen Effekt für dich. Meistens ärgerst du dich eher im Nachhinein darüber, wieder einmal für unnütze Dinge dein Geld ausgegeben zu haben.

Wenn du etwas wirklich brauchst, hast du auch lange einen Nutzen davon. Es ist eine Investition in deine Zukunft. Überlege dir also immer, WARUM du etwas kaufen möchtest.

Und hier der Notfall- Tipp, falls du dich doch hast verführen lassen und mit deinem *Schnäppchen* an der Kasse stehst:

Klebe in deine Geldbörse gut sichtbar einen Zettel mit der Aufschrift

BRAUCHST du das wirklich??
Oder *willst* du es nur?

101

Tipp 6: *Zeit ist Geld*

Wenn du dir unsicher bist, ob etwas preiswert oder doch zu teuer ist, dann rechne es in Zeit um. In deinem Job wirst du in der Regel nach Arbeitszeit bezahlt. Wie lange müsstest du also dafür arbeiten, um dir dein gewünschtes Teil leisten zu können? Ist es dir das wert?

Tipp 7: *nichts ist kostenlos*

Kennst du das Sprichwort: Umsonst ist nur der Tod! Und selbst der ist ganz schön teuer. Egal, was du auch als kostenlos bekommst, du zahlst immer einen Preis, entweder mit deiner *Treue*, deinen *Daten* oder deiner *Bequemlichkeit*. Oftmals wird sogar alles zusammen kombiniert.

Deine *Treue* wird gerne mit der Kundenkarte belohnt, die dir wiederum Preisvorteile und Gratisaktionen verspricht. Du sammelst Treuepunkte für jeden Einkauf, die du dann gegen Prämien eintauschen kannst, die du eigentlich nicht brauchst. Natürlich zahlst du für die Prämie noch einen „kleinen" Betrag.

Zusätzlich gibst du deine *Daten* ab. Der Händler kann nun ganz genau dein Kaufverhalten analysieren und auf dich maßgeschneiderte Werbung zuschicken. Für den Händler ist Werbung ein hoher Kostenfaktor. Zielgerichtete Werbung senkt diese Kosten enorm. Gleichzeitig ist diese Form der Werbung wesentlich effektiver. Als Hundebesitzer würdest du Werbung für

Aquaristik keine Beachtung schenken; das neueste Hundespielzeug weckt schon eher dein Interesse. Deine *Bequemlichkeit* tut nun sein Übriges und du kaufst das Angebot, ohne zu vergleichen. Deine Daten sind also bares Geld wert für den Händler.

Ein weiteres kostenlos Beispiel ist das Probe- Abo. Egal ob Zeitschriften, Streaming- Dienste oder der Fitness Club, der Slogan ist stets der gleiche: __ Wochen gratis testen!

Hier wird Vertrauen zu dir aufgebaut, indem du etwas kostenlos ausprobieren kannst, bevor du dein Geld ausgibst. Deine Daten werden für Werbezwecke gesammelt, um so das Angebot auf die entsprechenden Zielgruppen anzupassen. Zusätzlich wird auf deine Bequemlichkeit gesetzt und gehofft, dass du den Zeitpunkt für die Kündigungsfrist verpasst und somit der kostenpflichtige Vertrag gültig wird. Natürlich darfst du kostenlose Angebote austesten. Achte dabei aber auf die Kündigungsfristen und Laufzeiten, die meistens im Kleingedruckten versteckt stehen.

Tipp 8: Verträge regelmäßig überprüfen

Der Mensch ist ein Gewohnheitstier, der unnötige Arbeit und Aufgaben scheut. Einen Vertrag einmal abgeschlossen, weil wir mit den Leistungen und Service zufrieden sind, lassen wir es gerne auch mal laufen. Mit der Zeit gestalten sich allerdings deine Lebensumstände neu und so mancher Vertrag ist nicht mehr für dich passend, oder wird nicht mehr benötigt. Darum überprüfe mindestens einmal im Jahr sämtliche Verträge, aber auch Abos und Mitgliedschaften in Vereinen, ob diese noch angemessen sind, und passe diese an, oder kündige, was wegkann.

Bei manchen Verträgen, wie etwa Telefon-, oder Internettarife, gibt es oftmals einen Neukundenrabatt. Hier kann es für dich ein Vorteil sein, gelegentlich den Anbieter zu wechseln, vor allem weil sich Angebote und Tarife oft ändern. Aber auch wenn du mit deinem Anbieter zufrieden bist und eigentlich nicht wechseln möchtest, bewirkt manchmal eine Kündigung, dass dein Anbieter dir ein neues Angebot mit verbesserten Leistungen unterbreitet. Schließlich möchte dein Anbieter seine Bestandskunden behalten. Falls er dir kein Angebot macht und du bei deinem bisherigen Anbieter bleiben möchtest, kannst du natürlich jederzeit vor Ablauf des Kündigungstermins deine Kündigung zurückziehen und dein bisheriger Vertrag hat weiterhin bestand.

Tipp 9: *Versicherungsprämien*

Versicherungen bieten dir meistens die Möglichkeit, die Prämien jährlich, halbjährlich, vierteljährlich oder sogar monatlich zu zahlen. Das bedeutet, der Jahresbeitrag für die Versicherung wird dabei entsprechend aufgeteilt. Du zahlst allerdings auf das ganze Jahr hochgerechnet mehr, wenn du die Prämien in kleinen Teilbeträgen bezahlst. Setze besser auf eine jährliche Zahlung und spare dir den nötigen Betrag in deinem *Notfall- Sparschwein* an.

Manche Versicherungsgesellschaften bieten zudem einen Rabatt an, wenn du mehrere verschiedene Versicherungsverträge bei ihnen abschließt.

Bei KFZ- Haftpflichtversicherungen kannst du oftmals zusätzlich von einem Bonus für sicheres Fahren profitieren. Durch eine *KFZ-Telematik APP* wird dein Fahrverhalten gemessen, dokumentiert und an deine Versicherungsgesellschaft übermittelt. Durch vernünftiges Fahren sammelst du Bonuspunkte, die dann mit deiner KFZ- Versicherungsprämie verrechnet werden. So kannst du teilweise bis zu 30% der KFZ- Haftpflichtversicherungsprämie sparen. Solltest du allerdings Bedenken bezüglich des Datenschutzes haben oder deine Fahrweise ist nicht ganz so gemütlich, dann überlege es du dir gut, ob du Telematik verwenden möchtest. Es könnte sich im Schadensfall in einer zweifelhaften Situation negativ für dich auswirken. Auch wenn du öfters dein Fahrzeug verleihst, kann sich das negativ auf deinen Bonus auswirken, da auch diese Fahrten gemessen werden.

Tipp 10: Wohn- Nebenkosten senken

Lebe ökologisch und spare somit Geld. An den *Mietgrundkosten* (Kaltmiete) kannst du nur durch einen Umzug sparen. Wenn du eh einen Umzug geplant hast, dann informiere dich vorher über den Mietspiegel in dem Stadtteil, der für dich in Frage kommt und Vergleiche ihn mit anderen Stadtteilen. Manchmal können die

Unterschiede enorm sein, wenn du nur ein paar Straßen weiter in einen benachbarten Stadtteil ziehst.

An den Nebenkosten kannst du immer sparen. Denke dabei umweltbewusst. *Stromkosten* lassen sich sehr gut senken, indem du keine Elektrogeräte im Standby- Modus belässt, sondern komplett ausschaltest. Auch ein nichtbenutztes Handyladekabel, das an der Steckdose angeschlossen ist, verbraucht weiterhin Strom. Gerne verbleiben auch Küchengeräte, wie Toaster und Wasserkocher, an der Steckdose. Ideal sind hier Mehrfachsteckdosenleisten mit einem Aus- Schalter. So wird die Stromzufuhr bei Nichtbenutzung des Gerätes unterbrochen. Bei älteren Elektrogeräten kann zudem ein Wechsel auf neuwertige, energiesparende Modelle sinnvoll sein.

Heizkosten lassen sich durch vernünftiges Lüften senken. Klingt im ersten Moment merkwürdig, da wir ja im Winter die kalte Luft lieber draußen haben wollen. Es verhält sich aber so, dass sauerstoffreiche Luft sich besser erwärmt und die Wärme länger speichern kann. Daher auch im Winter regelmäßig die Zimmer durchlüften. Idealerweise öffnest du für einige Minuten das Fenster weit auf, statt es für längere Zeit auf Kipp zu belassen. So braucht die Heizung weniger Energie für die gleiche Leistung und du hast es trotzdem kuschelig warm Zuhause. Den Regler des Heizkörpers solltest du beim Lüften natürlich herunter drehen.

Wasserkosten lassen sich natürlich auch einsparen. Kurz Duschen, statt Baden, Wasser beim Zähneputzen nicht laufen lassen, bei Bedarf kurze Toilettenspülung verwenden...

Das sind alles Tipps, die jeder mal gehört hat. Setzt du diese auch bereits konsequent um?

Tipp 11: Zusätzliches Geld sparen

Egal, ob es das Geburtstagsgeld der Oma, das Urlaubsgeld vom Chef, die Nebenkostenrückerstattung, oder die Lohnerhöhung ist, lass mindestens 50% davon direkt in deinen Vermögensaufbau fließen. Alles Geld, was dir außerplanmäßig zufließt, wird sofort zur Hälfte in deine zukünftige finanzielle Unabhängigkeit investiert.

Gerade bei einer Lohnerhöhung solltest du dieses Prinzip verwenden. Natürlich hast du das zusätzliche Einkommen verdient und möchtest dir nun etwas gönnen und dich belohnen. Mehr Einkommen bedeutet allerdings meistens auch einen gesteigerten Lebensstil und entsprechend höhere Lebensunterhaltskosten. Sei daher clever und gewöhne dich von vorneherein nicht an das höhere Einkommen, sondern verwende einen Teil davon direkt für deine Vermögensbildung. Die andere Hälfte deiner Lohnerhöhung darfst du dann natürlich gerne für deinen Lifestyle ausgeben.

Mehrere Einkommensquellen

Man sagt, arme Menschen haben eine Einkommensquelle, Reiche mindestens 7!

Wie viele hast du?

Die meisten Menschen fokussieren sich einzig auf ihren Job als ihre Einkommensquelle. Die sichere Festanstellung, bei dem sie ihre Lebenszeit in Geld eintauschen. 8 Stunden am Tag arbeiten und danach das verdiente Geld ausgeben, um ein kleines bisschen Glücksgefühl und Freiheit zu spüren. Das ist der Kreislauf, von dem die meisten glauben, dass sie ihn nur durch noch mehr Arbeitszeit durchbrechen können. Das Problem dabei ist, deine Lebenszeit ist begrenzt. Der Tag hat nur 24 Stunden und irgendwann brauchst auch du Zeit zum Schlafen und Erholen. Einfach mehr Zeit in Arbeit zu investieren, holt dich also nicht dauerhaft aus dem Hamsterrad heraus.

Beruflich Karriere machen und somit eine Lohnerhöhung erhalten, ist ein guter Anfang. Es funktioniert allerdings in den meisten Fällen nicht, einfach nur nach mehr Lohn zu fragen und deine Vorzüge in den Vordergrund zu stellen. Geschickter ist es, deinen Chef zu fragen, was du tun müsstest, um mehr Gehalt zu bekommen. Zeige Einsatzbereitschaft, lerne stetig weiter und werde für deiner Firma unverzichtbar. Suche die Nische. Mache das, was deine Kollegen nicht gerne machen.

Bedenke aber stets, selbst den vermeintlich sichersten Job kannst du verlieren. Deine Firma kann Pleite gehen oder wird verkauft; du bekommst einen neuen Vorgesetzten, mit dem du dich nicht verstehst und wie schnell ändern sich deine Arbeitsbedingungen. Technologien entwickeln sich in einem so rasanten Tempo, dass viele Berufe in den nächsten 10 oder 20 Jahren nicht mehr existieren werden. Dafür entstehen neue Berufe, an die heute noch niemand denkt. Die Möglichkeiten, Geld zu verdienen, werden immer vielfältiger. Nutze es, werde kreativ und entdecke weitere Einkommensquellen für dich.

Baue dir ein zweites Standbein auf. Jeder hat spezielle Talente und Stärken. *Mache deine Leidenschaft, dein Hobby zu Geld.* Du musst dafür nicht deinen Hauptjob aufgeben, es reicht eine kleine ***nebenberufliche Selbstständigkeit***. Wichtig ist, lass dich für deine Fähigkeiten bezahlen. Arbeite nicht umsonst!

Gerade in kreativen Bereichen fällt es oft schwer, Geld dafür zu nehmen, was du doch gerne machst. Ich bin nebenbei Künstlerin und male. Dabei erlebe ich es sehr oft bei anderen Hobby-

Künstlern, wie sie sagen: „Ich kann doch kein Geld dafür nehmen, ich male doch gerne!" Da steckt aber nichts anderes dahinter, als der Glaubenssatz: Arbeit darf nicht Spaß machen!

Doch, darf es!

Auch wenn es nur ein Hobby ist, sobald andere davon profitieren, lass dich bezahlen.

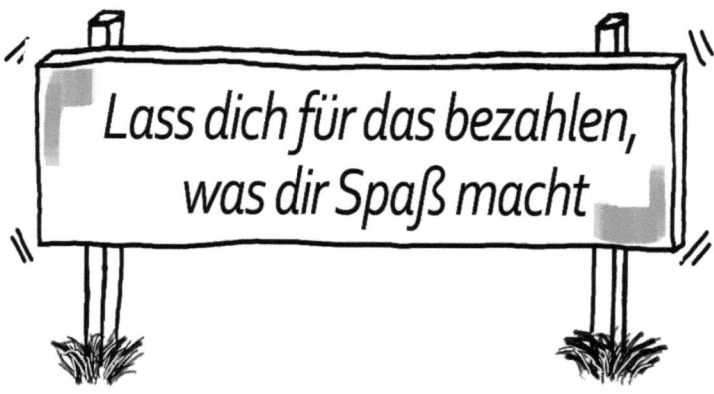

Du bist vielleicht nicht handwerklich begabt, dann nutze deine Interessen und dein Wissen in den **digitalen Medien**: Schreibe Blogartikel, die mit Affiliate- Produkten oder Werbe- Adds vernetzt sind. Vielleicht wäre auch Networkmarketing oder

Reselling etwas für dich. (Achtung, hierfür benötigst du einen Gewerbeschein.)

Du meinst du kannst und weißt nichts, oder dir ist ein Nebengewerbe zu riskant? Es gibt noch zahlreiche andere Möglichkeiten, nebenbei Geld zu verdienen.

Wenn du etwa viel mit dem Auto unterwegs bist, biete **Mitfahrgelegenheiten** an. Dafür gibt es Apps und Plattformen, um sich zu vernetzen.

Verkaufe deine guterhaltenen, aber nicht mehr benötigten Sachen auf **Trödelmärkte** oder **Internetforen**. Egal ob Klamotten, Dekosachen, oder alte Haushaltsgeräte, irgendwer freut sich bestimmt über ein günstiges Schnäppchen und zahlt dir gerne noch ein paar Euros dafür.

Du könntest im Internet auch an **bezahlten Umfragen** teilnehmen. Das funktioniert wunderbar nebenbei in Wartezeiten oder abends beim Fernsehen. Damit verdienst du zwar nur Cent-Beträge, aber Kleinvieh macht bekanntlich auch Mist.

Nutze sinnvoll **Bonusprogramme** beim Einkaufen. Auch wenn ich im vorherigen Kapitel bei den *Spartipps* hingewiesen habe, dass diese vor allem dazu da sind, um dir das Geld aus der Tasche zu ziehen, kannst du, richtig eingesetzt natürlich, auch von ihnen profitieren. Nimm nicht jede Bonuskarte an, sondern nur solche von den Geschäften, die du eh regelmäßig besuchst und bei denen du deine Punkte in Bargeld auszahlen oder mit deinem Einkauf verrechnen lassen kannst. Lass dich nicht von Prämienversprechen und Sonderaktionen locken.

Lass dein Geld für dich arbeiten und erhalte ein *passives Einkommen*. Nutze dein Finanzpolster um Zinsen und Dividenden zu generieren und profitiere vom *Steuer- Freibetrag*.

Steuerabgaben für Kapitalgewinne werden automatisch von deiner Depotbank ans Finanzamt abgeführt. Für Kapitalgewinne, sowie ausschüttende Zinsen und Dividenden werden jährlich Kapitalertragssteuern erhoben, aber erst, wenn der Freibetrag von 801€ (Stand 2021) überschritten wird. Das heißt für dich, diese 801€ sind steuerfrei. Um diesen Freibetrag zu erhalten, stellst du einfach bei deinem Anlagedepot oder deiner Bank einen *Freistellungsauftrag,* oder du gibst bei deiner *Einkommensteuererklärung* deine Erträge in der Anlage KAP mit an.

Vielleicht sind dir die Begriffe *thesaurierend* und *ausschüttend* bereits begegnet. Bei *thesaurierenden Anlagen* werden Zinsen und Dividenden direkt im Sparplan zusätzlich angelegt. Steuern zahlst du hierauf erst, wenn das Kapital mit den Gewinnen am Ende der Anlagezeit ausgezahlt wird.

Kombiniere also ausschüttende Anlagen mit thesaurierenden, damit du jedes Jahr vom steuerlichen Vorteil profitierst. Die

112

Dividenden legst du dann direkt wieder an, um den Zinseszins zu nutzen.

Bei einer Anlage Strategie mit *Festgeld* kannst du dir ein **rollierendes System** aufbauen. Bei Festgeld steigen die Zinsen meist mit einer längeren Laufzeit. Wenn du also noch nicht genau weißt, wann du deine Ersparnisse hieraus benötigst, kannst du den Betrag in 3 Teile aufteilen und über 1, 2 und 3 Jahre anlegen. So wird dir jedes Jahr ein Teil mit Zinsen ausgezahlt. Entscheide nun, ob du diese Ersparnisse brauchst oder für weitere 3 Jahre neu anlegst.

Auch wenn es aufwendig ist, mache jedes Jahr deine **Steuererklärung.** Verschenke nichts ans Finanzamt und nutze Freibeträge und Absetzungsmöglichkeiten für Werbungskosten, Arbeitswege und Kleidung aus.

Eine weitere Einkommensmöglichkeit sind **Mieteinnahmen.** Solltest du schon etwas weiter sein mit deinem Vermögensaufbau, könnte es Sinn machen, in Immobilien zu investieren und diese zu vermieten. Es muss ja nicht direkt ein Mehrfamilienhaus sein, das du kaufst. Beginne doch mit einer kleinen Eigentumswohnung, die du dann vermietest.

Beim Kauf von Immobilien hast du den Vorteil, dass du schon mit relativ wenig Eigenkapital loslegen kannst. Meist reichen Banken bereits etwa 25% der Kaufsumme (ideal wären natürlich mindestens 30%), um eine Baufinanzierung zu gewähren. Die monatlichen Tilgungsraten kannst du dann mit der eingenommenen Miete verrechnen. Dein Mieter zahlt also über die Jahre die Kreditsumme für dich ab. Informiere dich vorher aber genau über die gesetzlichen Bestimmungen als Vermieter.

Vermieten kannst du aber auch kleinere Gegenstände, wie Werkzeuge oder Gartengeräte. Im Internet gibt es spezielle Plattformen, die private Vermietungen vermitteln.

Das waren jetzt nur einige Beispiele, bestimmt fallen dir noch mehr ein. War etwas dabei, was du sofort umsetzen kannst? Habe Mut, auch mal etwas Neues auszuprobieren. Lerne ständig weiter und sammele Erfahrungen. Je weiter dein Horizont wird, umso mehr Möglichkeiten ergeben sich für dich.

Bedenke aber immer, dass du bei manchen Tätigkeiten einen Gewerbeschein brauchst und dich immer beim Finanzamt anmelden musst. Bei der Einkommenssteuererklärung musst du dann deine Einkünfte mit angeben und eine Einnahmenüberschussrechnung (EÜR) erstellen.

Es gibt für deine nebenberufliche Selbstständigkeit noch weitere Regelungen. Du solltest deinem Arbeitgeber über deine Tätigkeit informieren und darfst nicht in Konkurrenz zu ihm treten. Auch darf deine selbstständige Arbeitszeit nicht mehr als 20 Wochenstunden übersteigen.

Obwohl das alles erstmal kompliziert und abschreckend wirkt, lass dich nicht davon entmutigen. Informiere dich vorher über die Gesetzeslage und lass dich gegebenenfalls von einem Steuerberater beraten. Diesen solltest du dir eh spätestens dann zulegen, wenn deine Einkommens- und Vermögenswerte steigen.

Umgang mit geringem Einkommen

Am Ende des Geldes ist noch zu viel Monat übrig?

Du kennst nicht nur diesen Spruch, sondern er ist Teil deines Lebens? Jede Rechnung im Briefkasten oder der Blick auf deinen Kontostand bereitet dir Magenschmerzen? Sollte dein Einkommen so gering sein, dass du noch nicht einmal zu Fuß Richtung Vermögensaufbau unterwegs bist, sondern dich gefühlt nur im Kreis drehst, dann wird es jetzt für dich anstrengend, aber es ist nicht hoffnungslos. Es gibt immer einen Weg! Packe es an und werfe den Pleitegeier aus deinem Leben.

Im *Kapitel Spartipps* hast du bereits einige Ansätze erhalten, die du beachten solltest. Wenn das noch nicht ausreicht, brauchst du viel Disziplin, um dich aus dem Kreislauf zu befreien. Du solltest eine Zeitlang deinen Fokus daraufsetzen und wirklich diese Disziplin aufbringen, denn meistens entwickelt sich aus diesem Kreis eine Spirale, die dich abwärts zieht. Wenn du einmal in der Schuldenfalle sitzt, wird es noch schwieriger, daraus zu kommen. Das möchten wir auf jeden Fall verhindern.

Beginne damit, dass du dein monatliches **Budget wöchentlich einteilst.** Mit dem Haushaltsbuch hast du bereits eine Übersicht über deine Fixkosten und den variablen Kosten. Rechne von deinem monatlichen Einkommen die Fixkosten ab. Den Rest unterteilst du in 4 gleich große Anteile. Zu Wochenbeginn hebst du genau einen Anteil von deinem Konto in **bar** ab. Du darfst in dieser Woche nur diesen Teil ausgeben. So erreichst du, dass du bis zum Ende des Monats mit deinem Budget auskommst. Sollte am Ende der Woche etwas Geld übrig sein, so fließt es in dein *Notfall- Sparschwein*. Nichts wird in die nächste Woche mit genommen. Du fängst jede Woche mit dem gleichen Betrag neu an.

Erstelle nun einen **Wochenplan** mit den erwarteten Ausgaben. Wieviel brauchst du für eine Woche zum Tanken? Wieviel für Lebensmittel? Gibt es sonstige Ausgaben?

Deine nächste Liste wird dein **Koch Plan** für die Woche. Überlege dir für jeden Tag, was du essen möchtest und erstelle daraus deine **Einkaufsliste** für deine Lebensmittel. Nimm das wöchentliche Werbeprospekt deines Supermarktes dazu. So kannst du dich an den Angeboten orientieren. Natürlich werden im Supermarkt nur die Produkte gekauft, die auf deiner Einkaufsliste stehen.

Koche selbst mit frischen Zutaten. Das ist nicht nur gesünder für dich und deine Lebensqualität steigt, es ist auch günstiger als fertig zubereitetes Essen, das du nur erwärmen brauchst. Im ersten Moment erscheint dir das Fertigessen zwar billiger, als die Summe der frischen Zutaten. Allerdings sind Fertigprodukte mit kostengünstigen Füllstoffen wie Stärke und Zucker versehen, die keinen Nährwert bieten. Sie machen dich nicht, oder nur für kurze Zeit satt. Dann treibt dich dein Hungergefühl schon wieder zum Kühlschrank und du isst noch mehr. Gesunde Ernährung mit frischen Zutaten sättigen dich viel schneller und das Sättigungsgefühl hält auch länger an. Du benötigst also weniger Lebensmittel. Vermeide weißen Mehl und Zucker, die nicht sättigen. Auch in Gemüsekonserven ist viel Zucker enthalten.

Besser sind Vollkornprodukte, frisches oder tiefgefrorenes Gemüse und reduziere deinen Fleischkonsum. Nicht nur dein Körper wird es dir danken, dein Geldbeutel ebenso.

Lass dein Auto so oft wie möglich stehen und gehe zu Fuß oder nehme das Fahrrad. Du machst Sport und sparst auf diese Weise nicht nur die Gebühren für das Fitnessstudio, sondern du tust auch gleichzeitig etwas für die Umwelt. Ganz nebenbei verringerst du deinen Spritverbrauch und bei weniger Wegstrecke kannst du auch die Kosten für deine KFZ Versicherung senken. Solltest du nicht auf dein Auto verzichten können, dann plane deine Fahrstrecken so, dass du Wege einsparst. Verbinde also deine Fahrziele miteinander, statt jedes Ziel einzeln anzufahren.

Scheue dich nicht zum Amt zu gehen. Auch wenn es schwerfällt und Überwindung kostet, unser Staat hält verschiedene Möglichkeiten zur Unterstützung bereit. Du kannst je nach deiner Lebenssituation das passende beantragen. Sozialleistungen können in Form von Wohngeld, BuT (Bildung und Teilhabe) für Kinder, oder auch Elterngeld und Kinderzuschlag, bis hin zu BAföG oder BaB (Berufsausbildungsbeihilfe) ... gestellt werden.

Es ist ein falscher Stolz, diese Hilfeleistungen nicht zu beantragen, denn auch du finanzierst diese Sozialleistungen durch deine Steuern mit. Daher ist es vollkommen in Ordnung, einen Teil deiner Zahlungen wieder zurück zu erhalten, wenn du in Not bist.

Mit der Zeit wird auf diese Weise dein *Notfall- Sparschwein* anwachsen, so dass du nicht in die Schuldenfalle gerätst, sollte eine unvorhergesehene Ausgabe anstehen.

Den Überschuss solltest du dann investieren. Nein, nicht in Aktien, sondern in *DICH*! Überlege dir, was du brauchst, um ein besseres Einkommen zu erzielen. Vielleicht beginnst du eine Fortbildung oder du belegst Kurse, um deine beruflichen Chancen zu verbessern. Entwickele dich und lerne ständig weiter. Das größte Kapital in deinem Leben ist dein Wissen und das bringt dir auch die meisten Zinsen.

Hier eine kleine Finanzierung, da eine Ratenzahlung und dann noch das Konto überziehen, dank Dispo- Kredit geht das ja ganz unbürokratisch, und schon drehst du dich im Kreis und rutscht von einem Kreditvertrag in den nächsten. Kommen dann noch unerwartete Ereignisse, wie ein Jobverlust, Scheidung ... dazu, oder aus anderen Gründen entfällt plötzlich deine Einnahmequelle, findest du dich schnell in der *Überschuldung* wieder. Deine Schuldenlast ist dann nicht mehr für dich tragbar, das heißt, du kannst die monatlichen Kreditraten nicht mehr begleichen. Im schlimmsten Fall hilft dann nur noch die *Privatinsolvenz*.

Schulden sind wie
Autofahren mit angezogener
Handbremse

Mit Schulden fährst du wie mit angezogener Handbremse durch dein Leben. Du brauchst viel mehr Energie, um von der Stelle zu kommen. Für eine kurze Strecke ist es nicht so schlimm, solange es nur selten vorkommt. Wenn du aber zu lange mit angezogener Handbremse fährst, muss dein Auto in die Werkstatt und es wird richtig teuer für dich. Deshalb überlege es dir jedes Mal gut, ob du einen Kredit aufnimmst. Viel besser ist es, du sparst auf deine Ziele hin.

Wie kannst du dich vor Schulden schützen?

Im besten Fall nimmst du erst gar keine Schulden auf. Besonders Konsumschulden und Kontoüberziehungen, sowie Dispokredite sollten für dich ein absolutes No-Go sein. Kaufe nichts, was du dir nicht leisten kannst und lebe nicht über deine Verhältnisse. Klingt im ersten Moment logisch, ist aber nicht immer so einfach einzuhalten.

Ratenkauf und Finanzierungen werden uns im Handel gerne als Serviceleistung angeboten. In Wirklichkeit sollen sie dich aber nur zu überteuerten oder unüberlegten Käufen verleiten. Obwohl 0% Finanzierungen im ersten Moment ein gutes Angebot zu sein scheinen, stecken hier meist die „eingesparten" Zinsen im Verkaufspreis mit drin. Der Verkaufspreis wurde also von vorneherein höher kalkuliert.

Bedenke immer, auch ein günstiges Kreditgeschäft bleibt ein Geschäft, bei dem andere an DIR verdienen.

Damit du erst gar nicht in die Verlegenheit kommst, einen Kredit aufnehmen zu müssen, beachte die folgenden Regeln:

Plane deine Ausgaben

Du kannst nicht mehr ausgeben, als du besitzt. Führe dein Haushaltsbuch und teile dir dein Budget für deine Ausgaben ein. Bewahre Ordnung in deinem Finanzhaushalt und deinen Verträgen.

Nimm dir einmal im Jahr Zeit und plane größere Ausgaben. Möchtest du im Urlaub verreisen oder bräuchte dein Wohnzimmer neue Tapeten? Wie hoch wären die Kosten? Hast du dafür genug Geld oder fehlt das Budget dafür? Halte diese Überlegungen schriftlich in deiner *Jahresplanung* fest.

Am Ende des Buches bei den Tabellen findest du ein Beispiel einer Finanz- Jahresplanung.

Füttere dein Notfall- Sparschwein

Die Waschmaschine geht kaputt oder das Auto muss in die Werkstatt. Genau für diese Fälle ist dein *Notfall- Sparschwein* gedacht. Füttere es regelmäßig und lege dir so ein dickes Finanzpolster an.

Meistens sind diese „unerwarteten" Kosten überhaupt nicht so unerwartet. Halte deshalb auch diese möglichen Kosten in deiner Jahresplanung fest. Welche Geräte sind mittlerweile veraltet und wo könnten Reparaturen fällig werden? Sei vorbereitet!

Versicherungen

Spare nicht an den nötigen Versicherungen, die dich vor finanziellen Schadensfällen schützen (siehe Kapitel Versicherungen).

Spare frühzeitig für größere Käufe

Im Sommer in den Urlaub fahren oder ein neues Auto kaufen? Gewöhne dir an, auf deine Wünsche hin zu sparen, anstatt im Nachhinein Kreditraten abzuzahlen. Du hast dir gerade ein neues Auto gekauft? Dann beginne bereits jetzt mit dem Sparen für das nächste Auto.

Hier eine vereinfachte Beispielrechnung:

Bei 200€ monatlicher Sparrate mit 5% Zinsen brauchst du 7 Jahre um auf eine Summe von 20.000€ zu kommen. Dank des Zinseszinses musst du nämlich nur 16.800€ ansparen, 3.200€ erhältst du an Zinsen.

Demgegenüber würdest du für einem Kredit über 20.000€, ebenfalls 200€ Rate und 5% Verzinsung, fast 11 Jahre benötigen und insgesamt mit Zinsen knapp 26.000€ zurückzahlen.

Du siehst also, bei einem Kredit bringst du 9.200€ mehr auf und bist 4 Jahre länger an den Ratenzahlungen gebunden.

Was solltest du bei einem Kredit beachten?

In manchen Lebenssituationen lässt es sich kaum vermeiden, einen Kredit aufzunehmen und manchmal ist es sogar von Vorteil für dich. Entscheidend ist der Zweck des Kredits. Wenn du in deine Zukunft investieren möchtest, z.B. durch den Kauf einer Immobilie oder um eine Weiterbildung zu finanzieren, dann kann ein Kredit durchaus sinnvoll sein, da du einen stabilen Vermögenswert erwirbst, von dem du über lange Zeit einen nutzen hast. Schulden für Konsumausgaben solltest du hingegen gut überlegen, da Konsumgüter ihren Wert verlieren.

Auf jeden Fall ist es wichtig bei einem Kredit auf die Höhe der Zinsen, Laufzeit und Höhe der monatlichen Raten zu achten. Plane bei der Ratenhöhe auch mögliche Veränderungen in deiner Lebenssituation mit ein. Kannst du die Raten auch noch zahlen, wenn du deinen Job verlierst, oder du dich von deinem Partner trennst? Vereinbare lieber kleinere Raten mit einer entsprechend längeren Laufzeit, die du dann auch einhalten kannst, als dass du dich mit der Schuldenlast übernimmst.

Oftmals ist es auch möglich, *Zwischentilgungen* zu leisten. Wenn du etwa am Monatsende Geld übrigbehältst, oder eine Bonuszahlung bekommst, kannst du diesen Betrag zusätzlich zu deiner regelmäßigen Tilgungsrate für deinen Kredit verwenden. Somit verkürzt du nicht nur die Laufzeit, du sparst auch einen Teil der Zinsaufwendungen. Manchmal verlangen die Banken dafür eine *Vorfälligkeitsentschädigung* oder *Zinsaufschlag*. Dieser darf aber nicht mehr als 1% der Ablösesumme betragen.

Wie komme ich aus der Schuldenfalle?

Als erstes solltest du deine Schuldensituation analysieren: Welche Arten von Schulden sind es?

Wie hoch sind die Schulden, Zinsen und Laufzeit?

Mache dir eine genaue Aufstellung aller Verbindlichkeiten. Unterteile diese Liste unter der Dringlichkeit der Rückzahlungen. Manche Raten lassen sich vielleicht zeitlich etwas verschieben, so dass du den Schuldenberg etwas entzerren kannst.

Wenn du Kreditzahlungen mit hohen Zinsen hast, kann es Sinn machen, diese durch einen günstigeren Kredit mit niedrigeren Zinsen abzulösen. Besonders beim *Dispositionskredit*, kurz Dispo, ist eine *Umschuldung* ratsam. Diese besondere Form des Kredits wird gerne von Banken als Service für dein Konto eingerichtet und ermöglicht es dir, jederzeit dein Konto bis zu einem festgelegten Betrag zu überziehen, ohne einen extra Kreditantrag bei deiner

125

Bank zu stellen. Natürlich ist dieses zusätzliche Finanzpolster sehr verführerisch, da du auch an keine festen Rückzahlungsraten gebunden bist. Du solltest es aber auf keinen Fall, oder nur im äußersten Notfall für kurze Zeit in Anspruch nehmen. Die Zinszahlungen bei einem Dispo sind extrem hoch und können bis zu 10 % oder mehr pro Monat betragen. Solltest du also dauerhaft dein Konto überzogen haben, ist es ratsam mit deiner Bank über eine **Umschuldung** *auf einen Ratenkredit* mit niedrigeren Zinsen zu reden.

Achte bei einer Umschuldung wieder auf die Möglichkeit von *Zwischentilgungen*. So kannst du zusätzlich erwirtschaftetes Geld, etwa durch Flohmarktverkäufe und/ oder sparsame Lebensweise nutzen, um schneller aus den Schulden zu kommen.

Solltest du nicht in der Lage sein, deine Kreditraten zu begleichen, dann setze dich sofort mit deinem Kreditgeber in Verbindung. Nichtstun und abwarten ist keine Lösung, da ansonsten nur weitere *Gebühren durch Mahnungen* zu deiner Schuldenlast hinzukommen und es auch zu *Pfändungen* kommen kann.

Verhandele mit deinem Kreditgeber eventuell über eine Senkung der Ratenhöhe, oder eine *Stundung,* also die Aussetzung deiner Raten für einen gewissen Zeitraum. Dadurch verlängert sich zwar der Zeitrahmen und die Zinslast wird höher, aber du bist wenigstens soweit finanziell flüssig, um nicht weitere Schulden für deinen Lebensunterhalt aufnehmen zu müssen.

Wenn du mit deiner Schuldenlast überfordert bist und es nicht aus eigenem Antrieb schaffst, dann hole dir unbedingt Hilfe bei einer **Schuldnerberatung**. Auch die **Verbraucherzentralen** in deiner Stadt helfen dir gerne weiter.

Informiere dich gegebenenfalls auch über die Option einer **Privatinsolvenz**. Dies sollte jedoch nur der letzte Ausweg sein. Für eine Privatinsolvenz müssen verschiedene Kriterien erfüllt sein, die du bei der Schuldnerberatung erfährst. Zweck ist es, dass du nach einem mehrjährigen Zeitraum schuldenfrei bist und so dein Leben neu starten kannst.

Der Nachteil ist allerdings, dass du in dieser sogenannten *Wohlgefälligkeitsperiode* alle Einnahmen und Wertgegenstände offenlegen musst und diese zum Teil gepfändet werden können. Dein Arbeitgeber wird ebenso wegen möglicher Lohnpfändungen informiert.

Auch nach Ablauf des Insolvenzverfahren sind die Konsequenzen noch spürbar, da sie in deiner **SCHUFA** (Schutzgemeinschaft für allgemeine Kreditsicherung) vermerkt wird. Dies kann sich für dich bei der Wohnungssuche oder für einen erneuten Kreditantrag als erschwerend erweisen.

Übrigens, jeder Kredit wird bei der SCHUFA vermerkt. Das muss aber nicht direkt negativ für dich sein, denn es zeigt anderen Unternehmen an, dass du kreditwürdig bist. Erst wenn du deine Raten nicht begleichst, oder vertragsbrüchig wirst, wird es in einen negativen Eintrag umgewandelt.

Schuldenabbau oder Vermögensaufbau?

Hast du deinen Finanzhaushalt mittlerweile gut im Griff und kannst problemlos deine Kreditraten abzahlen? Vielleicht überlegst du nun, ob du mit deinem überschüssigen Geld entweder in den Vermögensaufbau investieren oder den Kredit schneller abtragen sollst.

Um es ganz klar zu sagen, Schuldenabbau trägt zu deinem Vermögensaufbau bei. Sogar im doppelten Sinne: deine Schuldenlast wird mit der Zeit geringer, aber auch deine Zinszahlungen sinken. Du fährst damit eine sichere „Rendite" ein. Dagegen sind die Zinsen bei einer sicheren Geldanlage, wie etwa

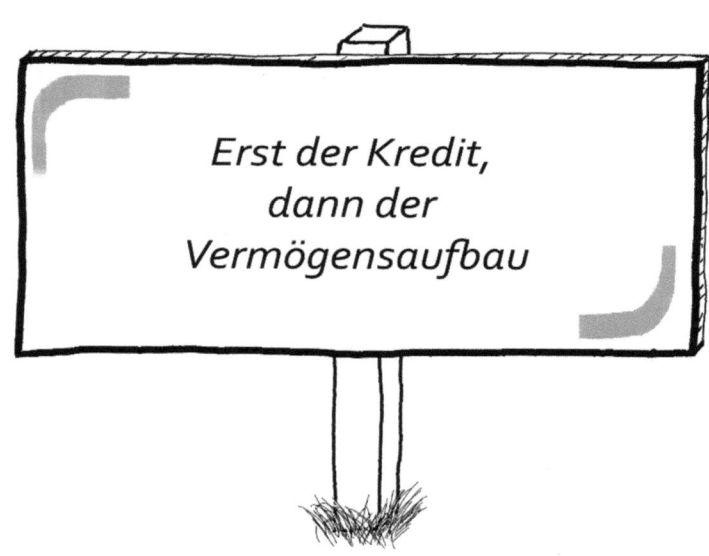

Erst der Kredit, dann der Vermögensaufbau

Festgeld, meistens niedriger als die eingesparten Zinsen für den Kredit.

Was du natürlich jederzeit füttern solltest, ist dein *Notfall-Sparschwein*. Allerdings zähle ich das nicht zum Vermögensaufbau, sondern es trägt zu deiner finanziellen Absicherung bei.

Selbstverständlich solltest du dir frühzeitig Gedanken über deine Vermögensaufbau- Strategie machen und wenn du magst, auch mit kleinen Beträgen in den verschiedenen Anlageformen investieren, um dich mit den Vorgehensweisen vertraut zu machen. Dein Fokus sollte aber stets auf deinen Schuldenabbau liegen. Denn erst wenn du schuldenfrei bist, bist du wirklich unabhängig und kannst frei über dein Geld verfügen.

Nachwort

Ich hoffe, ich konnte dir mit diesem Buch einen leichten Einstieg in die Finanzwelt bereiten. Vielleich hast du auch Appetit auf mehr Finanzwissen bekommen und steigst nun tiefer in die Materie ein.

Mit diesem Buch habe ich dir die Grundlagen für deinen privaten Finanzhaushalt an die Hand gegeben. Es spiegelt meine persönlichen Erfahrungen und Erlerntes wieder. Ich denke, du konntest mit diesem Ratgeber die eine oder andere Erkenntnis mitnehmen und weißt nun, an welchen Stellschrauben du drehen musst, um den Pleitegeier für immer aus deinem Leben zu verbannen. Bringe dein Vermögensgefährt auf die Überholspur, nehme Fahrt auf und komme dabei sicher an dein Ziel.

Vielleicht hast du aber auch einen anderen Weg für dich gefunden. Meine Vorgehensweise beruht auf meiner Lebenserfahrung und muss nicht unbedingt für dich passend sein. Die Finanzwelt bietet noch unzählige weitere Formen und Möglichkeiten für deine Geldanlage und ständig kommen neue hinzu. Lass dich jedoch nicht vorschnell auf Trends ein, sondern informiere dich immer vorher genau über das Risiko und den Nutzen. Bilde dich ständig weiter.

Wissen allein reicht allerdings nicht aus. Jetzt heißt es auch, in die Umsetzung kommen. Vielleicht kamen dir einige der Tipps in diesem Buch bekannt vor und du hattest bereits davon gehört. Die Finanzwelt ist zwar sehr komplex, aber die Grundlagen sind kein Hexenwerk und vieles hast du irgendwo schon einmal gehört. Oft ist es unsere eigene Bequemlichkeit, die uns abhält, neue Wege zu gehen. Sei also konsequent, setze die Grundlagen um und erschaffe dir somit neue Gewohnheiten und ein tieferes Bewusstsein über deine Finanzen. Mit der Zeit wird es für dich eine Selbstverständlichkeit sein, deine Ausgaben zu überblicken und einzuteilen. Du wirst merken, wie gut es sich anfühlt, Rücklagen zu haben und sich Träume erfüllen zu können.

Die Finanzwelt ist im stetigen Wandeln. Es kommen neue Gesetze heraus, Steuern und staatliche Abgaben werden verändert, Zinsen werden angepasst und es kommen neue Finanzprodukte auf den Markt. Das, was heute gilt, kann morgen bereits überholt und veraltet sein. Es ist also auch für dich wichtig, dir immer wieder aktuelle Informationen einzuholen und am Puls der Zeit zu bleiben.

Übernehme die Verantwortung für dein Leben. Werde aktiv und überlasse es nicht anderen, dass sie sich um deine Angelegenheiten kümmern. Du lässt während des Autofahrens doch auch sonst niemanden in dein Steuer greifen oder auf dein Gaspedal drücken. Du sitzt auf dem Fahrersitz in deinem Leben und entscheidest selbst, welchen Weg du fahren willst.

Wenn du diese Prinzipien einmal verinnerlicht hast, kannst du sie auch für alle anderen Bereiche deines Lebens anwenden, egal welche Herausforderung sich dir in den Weg stellt.

Es läuft alles nach demselben Schema ab:

1. *Analysieren*. Schaffe dir einen Überblick über die Situation
2. *Planung*. Setze dir Ziele und entwickele deine Strategie
3. *Umsetzung*. Werde aktiv und führe deine Strategie aus
4. *Kontrolle*. Überprüfe, ob deine Strategie funktioniert und richte sie gegebenenfalls neu aus

Die Welt ist im stetigen Wandel und ich wünsche Dir, dass du offen und neugierig auf diese Veränderungen bist und mit Zuversicht in die Zukunft gehen kannst.

Auf den folgenden Seiten findest du noch einmal die Tabellen für dein Haushaltbuch von Seite 36/37 und die Vermögensübersicht mit Zielsetzung und Strategieplanung von Seite 70.

Sie sind nur zur Orientierung gedacht. Passe die Tabellen an deine Verhältnisse und Bedürfnisse an. Es ist sinnvoll, gerade zu Anfang möglichst jeden Punkt genau zu erfassen, damit du ein Bewusstsein für deine Finanzen erhältst. Sobald du ein Gespür für dein Geld gewonnen hast, reicht es auch aus, die Tabellen in vereinfachter Form zu führen.

Die Finanz- Jahresplanung ist aus dem Life Balance Jahresplaner entnommen (siehe Webseite bei der Werbung auf den letzten Seiten) und soll dir als Beispiel und Anregung dienen, wie deine Jahresplanung aussehen könnte.

Haushaltsbuch Monat 1:

	Kontobuchungen	Bargeld
Gehalt/ Einkünfte		
Nebeneinkünfte		
Kindergeld		
Staatl. Zuschüsse		
Sonstiges		
Einkommen gesamt		
Fixkosten **Wohnkosten** Strom/ Heizung Telefon & Internet		
Versicherungen Haftpflicht Hausrat Berufsunfähigkeit/ Unfall Kfz Versicherung Sonstiges		
Verträge/ Gebühren GEZ Monatskarte Bus/ Bahn Sportverein Streamingdienste Sonstiges		

134

Variable Kosten	Kontobuchung	Bargeld
Mobilität Tanken Instandhaltung PKW Taxi/ ÖPNV		
Lebenshaltung Nahrung Drogerie Kleidung Haustierbedarf Sonstiges		
Fast Food/ Lebensmittel to go Restaurant, Süßigkeiten		
Entertainment (Kino, Theater Konzerte, ...)		
Sonstiges		
Ausgaben gesamt		
Einnahmen minus Ausgaben		

Haushaltsbuch Monat 2:

	Kontobuchungen	Bargeld
Gehalt/ Einkünfte		
Nebeneinkünfte		
Kindergeld		
Staatl. Zuschüsse		
Sonstiges		
Einkommen gesamt		
Fixkosten		
Wohnkosten		
Strom/ Heizung		
Telefon & Internet		
Versicherungen Haftpflicht		
Hausrat		
Berufsunfähigkeit/ Unfall		
Kfz Versicherung		
Sonstiges		
Verträge/ Gebühren GEZ		
Monatskarte Bus/ Bahn		
Sportverein		
Streamingdienste		
Sonstiges		

136

Variable Kosten	Kontobuchung	Bargeld
Mobilität Tanken Instandhaltung PKW Taxi/ ÖPNV		
Lebenshaltung Nahrung Drogerie Kleidung Haustierbedarf Sonstiges		
Fast Food/ Lebensmittel to go Restaurant, Süßigkeiten		
Entertainment (Kino, Theater Konzerte, ...)		
Sonstiges		
Ausgaben gesamt		
Einnahmen minus Ausgaben		

Haushaltsbuch Monat 3:

	Kontobuchungen	Bargeld
Gehalt/ Einkünfte		
Nebeneinkünfte		
Kindergeld		
Staatl. Zuschüsse		
Sonstiges		
Einkommen gesamt		
Fixkosten		
Wohnkosten		
Strom/ Heizung		
Telefon & Internet		
Versicherungen Haftpflicht		
Hausrat		
Berufsunfähigkeit/ Unfall		
Kfz Versicherung		
Sonstiges		
Verträge/ Gebühren GEZ		
Monatskarte Bus/ Bahn		
Sportverein		
Streamingdienste		
Sonstiges		

138

Variable Kosten	Kontobuchung	Bargeld
Mobilität Tanken Instandhaltung PKW Taxi/ ÖPNV		
Lebenshaltung Nahrung Drogerie Kleidung Haustierbedarf Sonstiges		
Fast Food/ Lebensmittel to go Restaurant, Süßigkeiten		
Entertainment (Kino, Theater Konzerte, …)		
Sonstiges		
Ausgaben gesamt		
Einnahmen minus Ausgaben		

Vermögensübersicht mit Zielsetzung und Strategieplanung

Kapitalanlage	Anfangsbestand	%	Zwischenstand nach 6 Monate	%	Endbestand nach 12 Monate	%
Tagesgeld						
Festgeld						
Anleihen						
Immobilien						
Aktien ETF						
P2P						
sonstige						
Strategie	Sichere Anlage		Mittleres Risiko		Höheres Risiko	

Beispiel Jahresplanung Finanzen

Jahresziele Finanzen	*umzusetzen in/bis Quartal*	1	2	3	4
Jahreseinkommen:					
Zusätzliches Einkommen:					
Schuldenabbau bis Betrag:					
Vermögensaufbau bis Betrag:					
Notfall- Sparschwein ansparen bis Betrag:					
Budgetplanung für:					
Urlaub					
Auto Reparatur/ Inspektion					
Renovierung/ Modernisierung Wohnraum					
Mögliche Kosten für					
- Ältere Haushaltsgeräte					
- Gartenverschönerung					
- Geburtstagsfeiern					
- Sonstiges					

Notizen

LIERMÄNNCHEN

DIE 3 SÄULEN DER LIFE BALANCE

Privates
Job und Projekte
Finanzen

Life Balance

Life Balance ist eine Reise zu dir selbst.

Wir werden von so vielen verschiedenen äußeren Einflüssen (wie Erziehung, Bildung, gesellschaftliche und kulturelle Normen...) geprägt, dass wir unsere eigene Innere Stimme nicht mehr hören, oder es nicht zulassen, dass diese Stimme zu uns spricht.
Sieh in den Spiegel und frage dich selbst:

Wie soll dein Leben aussehen?
Was möchtest du erreichen?
Welcher Mensch möchtest du sein?

Zur Life Balance gelangst du, wenn du dir das Bewusstsein für dein Selbst, deine Wünsche und Träume, deine Lebenseinstellung und Werte, zulässt und deine Lebensumstände entsprechend ausrichtest.

Die drei Säulen der Life Balance

-Privat
- Business (Job & Projekte)
- Finanzen

Jedes dieser Bereiche ist mit den anderen Beiden verknüpft, daher ist jeder Teil für sich wichtig und keiner sollte zu wenig oder zu viel Aufmerksamkeit bekommen. Burnout, Fehlernährung, psychische-

oder Suchterkrankungen sind oftmals Folgen von einer aus der Balance geratenen Lebensweise.

Wenn dein Leben nur aus Arbeit besteht, hast du einen Mangel im Finanzbereich, sonst bräuchtest du nicht so viel arbeiten. Auch dein Privatleben leidet, da dir Zeit für Beziehungen, Familie und vor allem für DICH fehlt.

Sorgen über deine finanzielle Situation oder Beziehungsprobleme übertragen sich auf deine Arbeitsleistung, was bis zu Jobverlust und noch mehr Sorgen führt. Und wenn du dir keine Zeitpuffer zum Auftanken deiner Energie nimmst, leidet alles andere ebenfalls. Von daher ist es nicht egoistisch, wenn du dir Zeiten für dich einplanst.

Ich sehe das Leben wie ein Unternehmen. Nur ein selbstbestimmter und aktiver Chef kann sein Unternehmen erfolgreich führen. Wichtig ist, dass du dich nicht von anderen zum „Angestellten" degradieren lässt, sondern in deinem Leben fest im Chefsessel sitzt. Wie du das schaffst?

Mache dich auf den Weg zu mehr Selbstbestimmung.

Viel Spaß auf deiner Reise!

Weitere Infos findest Du auf der Webseite:

liermaennchen-lifebalance.com

148